Mi bella jaula de oro

Una fábula sobre el miedo a la libertad

Jorge Guasp

KOLIMA BOOKS

Título original: *Mi bella jaula de oro*

Primera edición: Mayo 2016
© 2016 Editorial Kolima, Madrid
www.editorialkolima.com

Autor: Jorge Guasp Spetzian
Dirección editorial: Marta Prieto Asirón
Diseño de portada: Iñaki Mota
Maquetación: Carolina Hernández Alarcón
Impresión: Cimapress

ISBN: 978-84-163646-4-0

«¡La libertad! La mayor parte de los esclavos no serían capaces de ser libres, aunque se les permitiera serlo. Como los animales domésticos, cuando se les deja libres tienen más miedo a la libertad que a sus amos. Y liberados, tal vez por un dueño generoso, acabarían yendo a ladrar a las puertas de un amo ruin, que no sentirá ningún escrúpulo en apalearlos. Porque para ellos resultan mejor, al cabo, los palos y la obediencia que la soledad dura y llena de problemas de la verdadera libertad».

DAVID H. LAWRENCE, *Saint Mawr*

Prólogo

El huemul (*hippocamelus bisulcus*), utilizado en este relato de un modo alegórico y sin fundamento científico alguno, es un cérvido en vías de extinción.

Los indígenas patagónicos, para quienes la especie fue muy importante pues aprovechaban su carne, sus huesos y su cuero, lo conocían con otros nombres: *shoam* en el caso de los tehuelches, y *güemul* entre las tribus de araucanos. La caza del huemul se realizaba con flechas, lazos o boleadoras[1]. El vínculo entre el animal y estos pueblos ha quedado plasmado en varias pinturas rupestres.

Los machos de esta especie alcanzan mayor tamaño que las hembras y sólo ellos poseen astas, que son bifurcadas. Estas astas se les caen después del apareamiento, que tiene lugar desde fines de verano hasta mediados de otoño, y tras él nace una sola cría, entre noviembre y diciembre, después de seis o siete meses de gestación.

El pelaje del huemul es grueso, denso y oscuro en verano, volviéndose más claro en invierno. Sus orejas llegan a tener más de 20 cm de largo y su cola mide entre 10 y 20 cm. Es un animal de gran belleza. Es habitual que se mueva en grupos de tres ejemplares constituidos por el macho, la hembra y una cría.

Debido a que es un animal difícil de ver, su presencia se infiere del hallazgo de excrementos, huellas, pelos, marcas en la corteza de los árboles, astas caídas, etc. Estos indicios permiten estimar su población y distribución con el fin de adoptar medidas destinadas a su protección.

---

1   Bolas de piedra.

Como consecuencia de distintos factores, entre ellos las enfermedades contagiadas por el ganado en contacto con esta especie, su bajo éxito reproductivo, la modificación de su ambiente por efecto de las actividades humanas y la disminución y fragmentación de sus poblaciones, el huemul ha reducido su rango histórico de distribución.

La especie habita la Patagonia argentina y chilena. Ocupa terrenos escarpados, con una elevación mínima de 1 700 m pero con acceso a sectores de aproximadamente 500 m de altitud sobre el nivel del mar, que son utilizados como zonas de pastoreo en invierno cuando la nieve le impide el acceso al alimento en áreas más altas.

El futuro de este cérvido depende principalmente de la protección del hábitat en que se encuentran sus poblaciones y de la colaboración entre los distintos sectores de su área de distribución geográfica, condiciones que facilitan el intercambio genético entre grupos aislados entre sí.

El huemul ha sido declarado Monumento Natural por la Ley 24 702, sancionada por el Senado y la Cámara de Diputados de la nación argentina el 25 de septiembre de 1996, y promulgada el 17 de octubre del mismo año. También ha sido incluido en el Apéndice I del CITES[2], acuerdo mundial firmado en 1975.

<hr>

2   Convention on International Trade of Endangered Species of Wild Fauna and Flora; (Convención sobre Comercio Internacional de Especies Amenazadas de Fauna y Flora Silvestre).

Índice

Introducción

En cada semilla de un árbol sano y vigoroso está ese mismo árbol. Si la semilla germina en un suelo fértil y recibe luz suficiente, desarrollará su máxima expresión biológica: se convertirá en un árbol sano y vigoroso. No importa la finalidad de ese árbol, es decir, si será utilizado para madera, para cosechar sus semillas, o si sólo servirá para despertar admiración en quienes lo contemplen. El árbol *es* simplemente lo que *debe ser*, es decir, es fiel a su naturaleza intrínseca.

De un modo análogo, cada humano recién nacido tiene la capacidad potencial de desarrollar al máximo su naturaleza interior, de ser libre por completo, de hacer realidad todos sus sueños. Al igual que el árbol, no importa el papel social del ser humano. El desarrollo de su vida interior es independiente de la función o profesión que tenga, pues muchas de esas tareas son simples adaptaciones a la sociedad. Para muchos de nosotros el trabajo cotidiano no representa lo que *somos*; es solamente lo que *hacemos*.

Se nos educa para que nos comportemos de acuerdo con lo que la sociedad espera de nosotros y no con lo que somos y anhelamos. En este afán por cumplir con la sociedad, en lugar de ser fieles a nosotros mismos, a menudo olvidamos quiénes somos o qué queremos. Nos esforzamos por alcanzar lo que la sociedad nos exige y, cuando lo conseguimos, advertimos con frecuencia que somos esclavos de las metas alcanzadas y que esos logros no nos deparan la felicidad esperada.

Al huemul de esta historia le sucede lo mismo que a muchos de nosotros: viene al mundo para ser un ciervo libre, para expresar al máximo la naturaleza instintiva de su especie, pero acaba convirtiéndose en la mascota de una familia de la que depende de un modo artificial. Y, como le ocurre a muchos seres humanos, pierde su libertad y renuncia a sus sueños por mera comodidad, por vanidad y por otros tantos errores que, como muchas veces, en nuestro caso son consecuencia, precisamente, de la traición a nuestro mundo interior.

Pero como la mayoría de las historias, esta también tiene un desenlace feliz. El huemul acaba por retornar a la libertad y hacer realidad sus sueños. Al final de la vida vuelve a elegir su dieta y su hábitat, recuperando así la independencia y su naturaleza salvaje.

Sólo espero que esta historia aliente a los lectores a luchar por sus sueños, aunque se encuentren momentáneamente acorralados como este pequeño animal.

PRIMERA PARTE

—

«¡Cuántas cosas haría uno de buena gana, sin entusiasmo, claro está, pero de buena gana y sin ninguna razón aparente para no hacerlas y, sin embargo, no las hace! ¿Habrá que poner en duda la libertad humana?»

SAMUEL BECKETT, '*Molloy*'

I

En la Patagonia, esa región de inviernos fríos y largos días estivales, ese año había llovido y nevado muy poco y el verano había sido muy seco y caluroso. Algunos ríos y arroyos de alta montaña, que todavía tenían un poco de agua, acababan de congelarse debido a las bajas temperaturas de un otoño que anunciaba un invierno muy duro. Las hojas de los árboles habían cambiado el verde habitual por una gama de tonos que iban del marrón al naranja y la cima de las montañas ya estaba cubierta por una delgada capa de nieve.

Desde lo alto de la montaña, uno de los últimos huemules que quedaban en la Patagonia comenzó a bajar hacia los valles en busca de agua. Sabía que en los campos bajos todavía no hacía tanto frío y, por lo tanto, que el agua no estaba congelada. Además, cerca de los valles se encontraba el lago Grande, que contenía agua suficiente para calmar durante años la sed de todos los huemules de la Patagonia.

Después de varias horas de recorrido, el huemul divisó a lo lejos la casa y los corrales de don Rudecindo, un poblador rural que vivía en tierras del estado nacional en las que criaba ganado gracias a un permiso otorgado por el gobierno.

Un pequeño arroyo separaba la casa de los corrales en los que Don Rudecindo encerraba a sus animales. Al principio el huemul pensó en bajar al arroyo para calmar su sed, pero luego notó que los márgenes eran escarpados. Y si bien a su corta edad ya había caminado por terrenos difíciles, aún los temía.

Descubrió un bebedero en uno de los corrales que estaban vacíos, cruzó un cerco de madera a través de una tranquera que el poblador había abierto y se acercó a beber. Notó que el agua tenía un gusto desagradable y que no era pura como la del lago Grande; pero siguió bebiendo porque le pareció más cómodo que bajar al arroyo.

Una vez calmada su sed, comenzó a caminar hacia la parte del cercado por la que acababa de entrar y descubrió que don Rudecindo había cerrado la tranquera. Apoyado ahora contra la valla, el hombre contempló al animal con curiosidad y después se encaminó hacia su casa.

—Tengo un huemul encerrado en el potrero —le dijo a su mujer y a sus dos hijos—. Se ve que vino a tomar agua porque arriba está todo congelado. Yo lo encerré sin darme cuenta...

—¿Sí? —dijeron asombrados Ramiro y Pedro. Y, sin pensarlo dos veces, salieron corriendo en busca del animal.

El huemul los miró asustado y rogó en silencio que no lo mataran. Sabía que muchos pobladores rurales cazaban huemules –o al menos lo habían hecho en el pasado–, para comérselos o para vender su carne. Sin embargo, al cabo de un rato la alegría de los niños le hizo pensar que le perdonarían la vida. Ramiro y Pedro estaban locos de contento y don Rudecindo y Elvira, su mujer, se alegraban de que a sus hijos les gustara tanto la nueva mascota.

El animal era todavía pequeño y, aunque no entendía que tenía libertad para alimentarse por sus propios medios y pasear por donde quisiera, en aquel pequeño corral se sentía oprimido.

Después de un rato los niños saltaron el cercado y se acercaron al huemul, que se separó de ellos asustado, pues era la primera vez que estaba frente a un ser humano.

A lo largo de las primeras horas de encierro, que le parecieron interminables, el huemul recorrió con cuidado la valla, con la esperanza de encontrar algún lugar por donde escapar. Muy pronto comprendió que abandonar el corral por sus propios medios sería difícil: don Rudecindo había cerrado todos los espacios libres que había entre los troncos del cercado, incluso los más pequeños, pues a veces usaba ese mismo corral para encerrar ovejas que podían escaparse a través de los huecos por los que no pasaba una vaca ni tampoco un huemul. Pero el animal era tan testarudo que pasó horas tratando de abandonar el lugar, aunque en todo momento ocultó sus intenciones, pues sabía que estaba encerrado por haber tomado agua del bebedero y no del arroyo y eso lo avergonzaba.

Mientras recorría el borde del corral, golpeaba cada tanto los troncos del cerco con sus patas para intentar quebrarlos, asegurándose antes de que nadie lo viera. Al final, su desesperación por escapar fue tan grande que se lanzó de cabeza contra la valla varias veces, y el ruido provocado por esas embestidas llamó la atención de don Rudecindo que se acercó a ver qué sucedía.

Al huemul ya no le importaba que todos conocieran su deseo de escapar, pues ahora tenía la esperanza de que el hombre se apiadara de él y lo liberara. Pero el poblador no tenía ninguna intención de soltarlo. No sabía muy bien qué haría con el animal, pero pensaba que en algún momento le serviría para algo. Por lo pronto se le ocurrió la idea de tomarle fotografías en las que no se viera el cerco del corral (para que la gente creyera que el animal estaba en libertad), y vendérselas a los funcionarios de la Dirección de Fauna Silvestre, o a alguna persona interesada en los huemules. Más tarde, después de vender las fotos, pensaría en algo más productivo.

Teniendo en cuenta que el huemul es una especie protegida por ley, por el momento le parecía importante ocultar que tenía un ejemplar encerrado, pues los funcionarios del gobierno que trabajaban en la conservación de la naturaleza podían obligarle a liberarlo y, si se negaba, podían quitarle las tierras que ocupaba.

Al atardecer, después de un enorme esfuerzo físico por escapar, el animal volvió a tener mucha sed. Se acercó al bebedero y notó que el agua tenía un gusto aún más desagradable que antes. Además, estaba llena de hojas que habían caído de los árboles cercanos debido al viento de las últimas horas. Echó de menos entonces los arroyos cristalinos, pero se consoló pensando que en ese momento los cursos de agua de alta montaña estaban congelados.

Durante casi una hora, y mientras se preguntaba cómo hacer para abandonar el corral, el huemul debió soportar la presencia de los hijos de don Rudecindo, sus gritos y correteos, hasta que por último, apenado por la situación y muerto de cansancio, se hundió en un profundo sueño.

Soñó entonces que se había convertido en uno de esos cóndores que a veces veía cerca de las cumbres, cuando subía a la montaña en compañía de su madre. Desde lo alto de su vuelo descubrió a un cazador sentado sobre una roca larga y plana, que se prolongaba como si estuviera suspendida en el aire. Veía ahora cómo el cazador cargaba su arma y apuntaba en distintas direcciones. El animal imaginó que ese hombre deseaba matar a un huemul y sintió pena porque los cóndores son amigos de los huemules.

Convencido de que ésas eran las intenciones del cazador, se lanzó contra él en caída libre, tratando de asustarlo. Pero el hombre lo descubrió, levantó su arma hacia el cielo, siguió su vuelo con movimientos lentos y precisos de la mira... Y por último, cuando el animal se dio cuenta en sueños de que el cazador se disponía a matarlo, quiso huir pero no pudo: pocos segundos más tarde escuchó el disparo del arma y sintió que sus alas, extendidas por completo sobre la inmensidad del cielo, eran perforadas por varias balas al mismo tiempo.

Entonces, sin que pudiera evitarlo, comenzó a caer. Sus alas, llenas ahora de agujeros, ya no le permitían volar. Muy pronto perdió por completo el control del planeo y siguió cayendo a gran velocidad hasta estrellarse contra un conjunto de rocas.

El golpe fue muy fuerte y el huemul, convertido ahora en un cóndor, se asombró de no haber perdido la vida ni haberse quebrado algún hueso. Suspendido en la parte más alta de la cordillera, sobre cimas nevadas y valles coloridos, intentó remontar el vuelo y notó que no podía. Y no sólo no conseguía volar: sus patas, ya sin fuerzas, ni siquiera le permitían moverse a lo largo de la roca sobre la que se encontraba. Agitaba sus alas con violencia y desesperación, pero sus intentos eran inútiles. Comprendió entonces que estaba condenado a morir sobre esa roca, mientras veía que otros cóndores volaban en grupos sobre la montaña, con una paz y una libertad que lo llenaban de envidia.

Sólo en ese instante, después de volver a la realidad, entendió el significado de esa extraña historia: el cóndor representaba la libertad que en la pesadilla él no podía alcanzar por tener sus alas perforadas, y en la realidad tampoco, porque estaba encerrado en un corral. Le pareció extraño haber soñado, pues jamás había oído decir que los huemules fueran capaces de ello, y también se asombró de haber comprendido ese sueño con tanta claridad. Esos pensamientos lo mantuvieron despierto durante un rato, pero en seguida volvió a dormirse.

II

Amanecía. Nubes rosadas que parecían pinceladas manchaban el cielo. Como de costumbre, don Rudecindo tomaba mate desde temprano en la cocina mientras mantenía la pava sobre la cocina económica para que no se enfriara el agua y cada tanto le agregaba leña al fuego.

A través de la pequeña ventana de la cocina observó que el huemul se paseaba de un lado a otro. Después de sorber un par de veces más la gastada yerba del mate, abrió la puerta y se dirigió hacia el corral.

Encontró al huemul bastante inquieto: recorría el cercado y movía sus largas orejas sin cesar. Don Rudecindo fue en busca de una palangana de loza que llenó de agua en el arroyo y después vació en el bebedero del corral. Así, al cabo de varios viajes, el bebedero estuvo lleno.

Pese a que tenía sed, el huemul no quiso beber pues se negaba a reconocer que dependía de ese hombre.

—Sé que no te gusta estar encerrado —observó don Rudecindo, contemplándolo con un poco de piedad—; pero por ahora te vas a tener que quedar ahí nomás.

Aunque el huemul no entendió ni una sola palabra, adivinó lo que el poblador había querido decir. Sospechaba que el hombre intentaría mantenerlo encerrado y estaba dispuesto a hacer lo que fuera necesario para escapar.

En cuanto don Rudecindo desapareció, el huemul corrió a calmar su sed mientras miraba con desconfianza en dirección a la casa. Esta vez el agua le pareció más clara y pura que antes y este hecho lo tranquilizó un poco. Comprendió que debía hacer lo posible por vaciar el bebedero a diario, para que le trajeran agua fresca del arroyo, que sería similar a la que él estaba acostumbrado a beber. Sin embargo, como en el bebedero cabía más agua de la que él necesitaba, pensó que debía volcarlo por las noches empujándolo con sus patas para que le agregaran agua limpia al día siguiente.

Apagada ya su sed, notó que necesitaba comer. En el corral no abundaba el pasto, que en su mayoría había sido devorado por las ovejas. Además, se dio cuenta de que casi toda la hierba que había era igual y que de su preferida sólo quedaba una poca. Probó el pasto más abundante y le resultó repugnante. La sequía y el calor del verano había convertido la hierba tierna en pasto duro, de color marrón y sabor amargo y fuerte, que era muy difícil de digerir para un huemul acostumbrado a los vegetales tiernos. Se acordó con tristeza de los pastizales verdes y húmedos de la alta cordillera en los que había pastado hasta entonces. Recordó también los comentarios de otros huemules sobre unos prados ubicados al pie de un hermoso glaciar, que daba origen a una laguna de aguas color turquesa, y rogó poder librarse del encierro para ir a conocer esos lejanos lugares en los que no sólo había comida, sino también bellos paisajes.

El huemul pensó desilusionado que allá arriba, en la alta montaña, el sol ya debía calentar las laderas orientadas del norte, mientras que ahí abajo, en el corral, detrás de la cortina de álamos que protegía el campo de don Rudecindo de los fuertes vientos del oeste, los rayos apenas se percibían a través del follaje.

Después de explorar con cuidado el pasto, encontró una pequeña mancha de hierbas tiernas. Comió con ansiedad y se sintió satisfecho. Dio algunas vueltas dentro del corral y por último se echó sobre la hierba seca.

Poco a poco fue adormeciéndose. Cuando despertó, sintió en su cuerpo una horrible sensación de vacío que a su juicio se debía a la falta de alimento como el que había comido hasta entonces. Comenzó a pensar que si las hierbas del lugar no calmaban su apetito, moriría de hambre. Miró a su alrededor y le pareció que tenía comida para no más de dos meses, siempre que durante ese tiempo don Rudecindo no metiera otros animales en el corral.

Al huemul le pareció extraño que el poblador le permitiera ser dueño y señor de ese pequeño corral. Por lo demás, comprendió que el pasto volvería a crecer muy pronto y que, si seguía solo, la hierba sería suficiente para alimentarlo, al menos durante un tiempo. Claro que no podía compararse con el que comía antes de entrar en el corral, pero eso por ahora no le importaba: se conformaba con mantenerse vivo.

Antes del mediodía fueron a verlo los hijos de don Rudecindo. Llegaron corriendo, con un entusiasmo que su padre nunca había visto en ellos. Los niños no podían ocultar su asombro: les parecía increíble que el huemul todavía no se hubiera escapado. Ambos apoyaron su cabeza contra un poste, se recostaron contra el cercado y contemplaron maravillados al animal, que ahora se paseaba con lentitud junto al borde del corral.

Ramiro, el más grande y más decidido en todas las tareas que emprendían, propuso ponerle un nombre. Pedro lo miró entre asombrado y divertido y le dijo que los huemules no tenían nombre. Se enfrentaron entonces en una fuerte discusión hasta que por fin el pequeño estuvo de acuerdo, aunque puso una condición: si algún día el huemul se escapaba, si volvían a encontrarlo ya no lo llamarían por su nombre, pues la salida del corral significaría que el animal quería ser libre, y parte de esa libertad se lograba, según Pedro, librándose del nombre que lo relacionaba con los seres humanos.

Ramiro se asombró del razonamiento de su hermano, que le pareció absurdo pero que al mismo tiempo decidió respetar. Por su parte, él también tuvo una idea muy original: si le ponían un nombre, debían bautizarlo con agua (aunque en este caso no fuera bendita), como lo hacían los padres con sus niños. A Pedro la idea le pareció divertida y la aceptó sin discutir.

Pusieron manos a la obra de inmediato. Recogieron la palangana con la que su padre había agregado agua al bebedero, y llevándola entre los dos, corrieron hasta el arroyo. La llenaron sumergiéndola en el agua y corrieron de regreso al corral, derramando más de la mitad del contenido por el camino.

Volvieron a discutir, ahora acerca del método de bautismo. No sabían si tratar de sujetar al huemul o limitarse a mojarle la cabeza mientras se movía. Se preguntaron además cómo hacerlo: ¿con la ayuda de algún objeto o tan sólo con sus manos? Al cabo de un rato les pareció que bastaba con que al menos una gota de agua le mojara la cabeza y pronunciaran su nombre al mismo tiempo.

Su nombre, ¿qué nombre le pondrían? Hubo una nueva discusión, pero esta vez fue muy breve: por alguna razón desconocida, a Pedro se le antojó el nombre de Carmelo y Ramiro estuvo de acuerdo de inmediato.

El huemul no entendió muy bien de qué se trataba el juego, pero sospechó que era inofensivo y permaneció quieto cuando los niños se acercaron a él y realizaron emocionados el supuesto bautismo, salpicándole con agua la cabeza.

Sobra decir que el animal no se enteró de que acababan de ponerle un nombre. Sin embargo, con el correr de las semanas, habría de acostumbrarse a la palabra Carmelo tanto como al encierro, aunque sin saber por mucho tiempo que Carmelo era su nombre y no un saludo de los niños como supuso al principio.

Después de esta absurda ceremonia, los niños jugaron un poco alrededor de Carmelo, sintiéndose ahora más que nunca dueños del huemul. Al cabo de un rato el animal se alejó de ellos pues comprendió que estaba convirtiéndose en la nueva mascota de Ramiro y Pedro y la idea le desagradaba.

III

Carmelo tenía poco más de un año de edad. Como no hacía mucho que se había independizado de su madre, aún no comprendía con exactitud el valor de la libertad. Sus padres no le habían hablado mucho al respecto, pero otros ejemplares de su especie le habían contado que ellos eran mucho más libres que los humanos. Había escuchado decir que los hombres podían ser tan libres como los huemules pero que, por desgracia, habían caído en la trampa de depender de objetos como el dinero, la ropa y otras cosas que para los huemules no eran importantes.

El animal alcanzaba a darse cuenta de que los huemules no dependían de bienes como los coches y las casas. Sabía que ocupaban áreas naturales casi vírgenes; que no necesitaban de los servicios que utiliza el ser humano; que recorrían grandes áreas sin importarles sus límites ni sus divisiones políticas; que podían cambiar de país sin pedir permiso a nadie, a menudo sin saberlo y sin que nadie lo advirtiera (de hecho pasaban de Chile a Argentina, y viceversa); que podían mostrarse como venían al mundo, sin necesidad de ocultar las características físicas que no gustaban a la gente o de resaltar aquéllas de las que estaban orgullosos; que podían sobrevivir haciendo lo que quisieran, sin necesidad de tener trabajos aburridos o cumplir horarios; que podían cambiar de lugar de residencia cuando quisieran (y de hecho lo hacían, en especial cuando se producía un cambio de estación). Todas éstas eran, según había escuchado decir Carmelo, tan sólo algunas de las ventajas que su especie tenía sobre los humanos.

Los pensamientos del huemul sobre estos temas, sumados al encierro que sufría, hacían que sintiera un profundo odio hacia las personas, y en especial hacia don Rudecindo que le había quitado la libertad. Por momentos pensaba que podía golpear a ese hombre con la cabeza y matarlo, pero luego comprendía que, aunque lo hiciera, los niños se negarían a liberarlo y que de todos modos debería esperar a que los palos del cercado se pudrieran para poder escapar.

Estas últimas palabras continuaban dando vueltas en su cabeza. Troncos podridos... Debía haber alguna parte de la valla que estuviera a punto de quebrarse y, si la encontraba, un buen golpe sería suficiente para escapar del corral. Lo cierto era que ya había puesto en práctica esta idea; quizá sólo había fallado por no haber buscado con más atención el punto débil.

Aprovechando que no le veía nadie, empezó una nueva y cuidadosa inspección de las rejas de su cárcel. Golpeó con sus patas cada uno de los troncos, pero notó decepcionado que todos estaban en buen estado, unos mejor que otros, claro, pero ninguno a punto de quebrarse.

¿Cuánto tiempo debía pasar para que un palo se pudriera? se preguntó; ¿cinco años? ¿diez? Y aunque sólo fueran cinco años... ¿estaba dispuesto a esperar tanto tiempo para poder dejar el corral? ¿Y si no eran cinco sino veinte? Además, ¿quién podía garantizarle que después de esos años de espera podría escapar? Si a don Rudecindo se le ocurría reemplazar los troncos viejos antes de que se pudrieran, sus posibilidades de huir desaparecerían y entonces ese tiempo de espera habría sido inútil.

Después de varios días de encierro, notó con preocupación que las hierbas estaban desapareciendo. Teniendo en cuenta que pasaba la mayor parte del tiempo quieto o moviéndose mucho menos que cuando vivía en las montañas, consideró que estaba comiendo demasiado. Quizá estuviera alimentándose por simple aburrimiento, pensó. Comprendió entonces que necesitaba un poco de ejercicio, pero ¿qué clase de ejercicio podía desarrollar en un lugar pequeño como ése?

Había sido entrenado para subir montañas empinadas, para transitar entre enormes rocas, para resistir el golpe de los fuertes vientos patagónicos o para cruzar arroyos caudalosos. Y su instinto también lo empujaba a emprender esa clase de desafíos. La actividad más intensa que podía desarrollar en ese momento era jugar con los niños (había visto que jugaban con los perros), pero eso le parecía absurdo, y pensaba además que no tenía nada que ver con la vida de los huemules.

Sin embargo, a pesar de su rebeldía inicial, al cabo de unos días no tuvo otra alternativa que aceptar los juegos propuestos por Ramiro y Pedro, no sólo porque su instinto de animal salvaje le forzaba a moverse, sino también porque muy pronto los pastos del corral desaparecieron casi por completo y comprendió que necesitaría de los niños para alimentarse.

Al principio ellos no se dieron cuenta de que el huemul necesitaba comer. Pero cuando ya casi no hubo hierba y en algunas partes del corral apareció la tierra desnuda, Ramiro y Pedro advirtieron que Carmelo corría el riesgo de morir de hambre. Comenzaron entonces a recolectar pasto fuera del cercado para dárselo luego en dos raciones diarias. El animal no podía creer que fuera, a sólo cincuenta metros del rallado, hubiera grandes cantidades de hierba mientras él pasaba hambre. ¿Acaso los hombres le negaban el alimento por no ver aquello que tenían delante de sus narices? ¿Qué otra explicación cabía? ¿Por qué no le dejaban pastar como lo hacían con sus vacas?

Los niños solían hacerle jugar antes de darle su ración de comida y esto lo irritaba bastante pues le parecía una especie de chantaje. Por lo demás, los juegos eran simples pues equivalían a una caminata apurada o a lo sumo a un trote ligero. Carmelo aceptaba esa actividad por su necesidad de comida y también porque creía que un rato de juego con los niños no le haría perder su condición de animal salvaje. Muy pronto, con suerte, podría abandonar el corral y entonces volvería a los largos paseos que hacía cuando estaba en libertad.

La mayoría de las veces el juego consistía en no dejar que los niños lo tocaran, o en esquivar pequeños objetos que ellos le lanzaban al cuerpo. A menudo las ramas o las manos de los niños alcanzaban a rozarlo y entonces, por una decisión basada en las reglas del juego, le quitaban una de sus dos raciones diarias de comida. Carmelo odiaba que los niños le dieran menos alimento por simple capricho, pero comprendía al mismo tiempo que esas normas lo estimulaban a moverse más y con mayor rapidez, y de ese modo podía luchar contra la vida sedentaria que llevaba en el corral.

IV

Como el paisaje que veía era siempre el mismo y su vida se había vuelto aburrida, el huemul perdió la noción del tiempo. Muy pronto se acostumbró a estar encerrado, aunque a veces tenía arranques de rebeldía y deseaba escapar. Ya había descartado la posibilidad de quebrar el cercado y ahora sólo pensaba en saltarlo o en cavar un túnel por debajo de los troncos que limitaban el corral.

Al poco tiempo puso en práctica la idea del salto por encima de la valla, pero lo único que consiguió fue un largo período de inmovilidad como consecuencia de un fuerte golpe contra los troncos. Decepcionado, consideró entonces que la alternativa del túnel era también un plan imposible, teniendo en cuenta que los huemules no estaban preparados para excavar la tierra.

Con el correr de los días notó que don Rudecindo sólo aparecía cuando él jugaba con los niños y eso lo tranquilizó. Comprendió que se había convertido en la nueva mascota de Ramiro y Pedro y que, mientras los niños estuvieran ahí, su padre haría todo lo posible por mantenerlo con vida.

Durante mucho tiempo los niños no le dieron pasto. Su padre les recordaba de vez en cuando que el huemul debía alimentarse, pero ellos se olvidaban de inmediato y se limitaban a jugar con el animal como si se tratara de un juguete. A veces don Rudecindo les prohibía acercarse a Carmelo si antes no le daban de comer y ése era el único modo de lograr que se tomaran el trabajo de juntar hierba. Muy pronto, sin embargo, volvían a despreocuparse y entonces era su padre quien debía alimentar al animal.

Pero la paciencia del poblador se terminó. Una mañana, harto de recordarles a los niños la necesidad de recolectar pasto, salió al patio de la casa y exclamó:

—¡Que se muera el huemul! Y si no, que lo mantengan ellos...

A partir de entonces Carmelo consumió en poco tiempo el último pasto que quedaba en el corral. Y cuando el suelo perdió por completo la hierba, el animal comenzó a rebuscar entre los palos del cercado y acabó por comerse las malezas que crecían escondidas entre las maderas, llegando incluso a probar algunos hongos y musgos que se desarrollaban sobre los troncos.

Pero un día el huemul se quedó sin alimento, y al cabo de una semana comenzó a perder sus fuerzas y dejó de moverse. Pasaba la mayor parte del tiempo tendido sobre el suelo y los niños no encontraban manera de hacerle participar en sus juegos. Entristecidos y curiosos, le preguntaron a su padre por el comportamiento del huemul y él les respondió con toda naturalidad:

—Necesita comer.

Los niños habían renunciado a cortar pasto para Carmelo. Notaban que el animal comía mucho y no estaban dispuestos a perder tiempo en una tarea que odiaban. Comenzaron entonces a pensar en algún modo de alimentarlo. Un día Ramiro tuvo una idea que a ambos les pareció genial:

—¿Por qué no le ponemos una soga al cuello y lo dejamos pastar fuera del corral?

Pusieron manos a la obra de inmediato. Cuando Carmelo se dio cuenta de lo que se proponían, se dejó atar pues entendió que ésa sería la única manera de alimentarse.

Le colocaron una soga larga, que ataron a uno de los postes del cercado, y le permitieron comer fuera. Abandonar el corral sin recuperar la libertad le inspiraba sentimientos contradictorios. Había cruzado la valla que le mantenía preso, pero notaba que prefería el encierro al tirón de la soga cuando se estiraba al máximo. Pensó entonces que con su fuerza salvaje debería ser capaz de cortar esa cuerda que lo ataba al mundo de los hombres y de inmediato tiró con violencia varias veces. Pero todo lo que logró fue un principio de asfixia debido a la presión de la soga contra su cuello.

Al cabo de unos días todo el pasto que tenía a su alcance se acabó. Carmelo esperaba que lo sujetaran a otro poste o a un árbol, para que pudiera seguir comiendo hierba tierna. Pero por desgracia no fue así. Tras comprobar que su padre no tenía una cuerda más larga, los niños volvieron a trasladarlo al corral, donde el pasto aún no se había recuperado.

Pasó el tiempo y el huemul siguió encerrado en el corral mordisqueando los pocos brotes verdes que encontraba entre los troncos del cercado. Los niños le habían dejado la soga atada al cuello y eso le daba esperanzas de que volverían a atarlo más tarde en otro lugar. Llegó incluso a pensar que estaban seleccionando el mejor sitio para que pastara, aunque pronto comprendió que no era así.

Una semana después, cuando Carmelo empezaba a desesperarse, la suerte lo favoreció. Un enorme notro cayó sobre el corral debido al fuerte viento oeste que sopló al atardecer, después de una intensa lluvia. El tronco del árbol quedó apoyado sobre uno de los lados del cercado, con toda la copa dentro del corral. Carmelo supuso que don Rudecindo cortaría el árbol para usar su madera como leña y que retiraría las hojas del lugar. Por lo tanto, decidió comerse cuanto antes todo lo que pudiera.

Esta vez el huemul no se equivocó: a primera hora del día siguiente, después de recorrer el cercado y sus alrededores, don Rudecindo puso en marcha la motosierra y comenzó a cortar el tronco del notro. Temiendo por el futuro de su alimento, Carmelo esperó a que el hombre lo mirara y comió entonces con desesperación para hacerle ver que le interesaban las hojas del árbol. Don Rudecindo lo contempló con un poco de curiosidad pero de inmediato continuó con su tarea con el empeño de siempre y no se detuvo hasta haber acabado.

Por último, sin pensar en las necesidades del animal, el poblador convirtió el árbol en una montaña de leña que guardó luego en el galpón. Juntó todas las ramas que quedaban y les prendió fuego. El huemul observó con desesperación cómo se quemaban las hojas que había probado poco tiempo antes y se preguntó si don Rudecindo se las negaba por maldad o sólo por ignorancia. De todos modos se alegró de que hubieran quedado en el corral unas pocas ramas con hojas. Para comérselas esperó a que los niños le observaran, lo que sucedió a la mañana siguiente.

Cuando Ramiro y Pedro se acercaron a jugar, él comenzó a devorar las hojas con desesperación, como si no hubiese comido en varios días. Su plan tuvo éxito. Asombrados, los niños recordaron que el huemul necesitaba comer, y descubrieron al mismo tiempo que podían alimentarlo con ramas de notro, más fáciles de recolectar que el pasto. Además, eso de subir a los árboles siempre representaba una aventura y era también una excelente oportunidad para montar un refugio en la parte más alta de los árboles del campo.

Durante esa tarde y parte del día siguiente, aún entusiasmados por el descubrimiento, corrieron a cortar hojas del primer arbusto que tuvieron a su alcance. Al principio sólo recolectaron las ramas bajas, pero muy pronto, cuando comprobaron que Carmelo comía con rapidez, debieron trepar a los árboles y cortar también las de arriba, pues las primeras no eran suficientes.

Su padre les descubrió un par de veces encaramados sobre los notros y supuso que sólo estaban jugando, como solían hacerlo cuando se perdían entre las hojas de los cañaverales o dentro del bosque de ñire. Sin embargo, una mañana, mientras tomaba mate en la cocina, contempló los notros cercanos y los notó distintos. El cambio era tan evidente que abandonó de inmediato el mate recién preparado y se acercó a los árboles con curiosidad.

No necesitó mucho tiempo para darse cuenta de que la mayoría de las ramas jóvenes estaban quebradas. Y si bien culpó a sus hijos por ello, no comprendió el motivo de esa conducta y lamentó que no supieran jugar sin dañar la Naturaleza.

Molesto por esa actitud, don Rudecindo los llamó de inmediato a gritos. Pero no pudo encontrarlos.

Regresaron poco antes del mediodía, corriendo con ansiedad. En cuanto entraron su padre les pidió explicaciones, y ellos, sorprendidos por la pregunta –pues suponían que debía sentirse orgulloso de que se preocuparan por el huemul–, le respondieron que habían cortado las ramas para alimentarlo, pues al animal le encantaban las hojas de notro.

Don Rudecindo les explicó que esa especie no eran abundantes y que además eso de quebrar las ramas de los árboles para alimentar al huemul estaba muy mal. Les recordó también que en primavera los notros se llenaban de bellas flores rojas y que, si los dañaban, toda la familia se perdería ese espectáculo de la Naturaleza. Por último les dijo que los huemules no sólo se alimentaban de hojas de árboles sino también de hierbas, y que si le cambiaban la dieta, el animal corría el riesgo de enfermar o morir.

Apenados por la novedad, los niños comprendieron que debían salir al campo en busca de pasto, y así lo hicieron de inmediato. Pero el entusiasmo sólo les duró un par de días y luego se olvidaron del huemul y volvieron a inventar juegos, a recorrer nuevos lugares, a buscar nuevas guaridas donde esconderse. Por momentos se arrepentían y comentaban que debían alimentar a Carmelo, pues de lo contrario se moriría, pero muy pronto renacía en ellos la sed de aventura y entonces el futuro del huemul perdía importancia.

Pedro, que por ser el menor aún tenía una visión ingenua de la vida y decía siempre lo que pensaba, propuso una mañana:

—¿Por qué no le damos las sobras de nuestra comida?

—¡Es un huemul, m'hijo! —respondió su padre entre carcajadas—; estos bichos sólo comen pasto.

—Pero... podríamos probar —observó Ramiro con timidez.

—Bueno, prueben nomás —dijo don Rudecindo, haciendo un gesto desdeñoso con una mano—. Así se les va a morir el bicho ése... Y después no me vengan con lamentos, con que les consiga otro ni nada. Si lo quieren conservar, ¡salgan a juntar pasto como corresponde!

Con menos esperanza que decisión, los niños desobedecieron los consejos de su padre. Probar si un huemul comía otra cosa que no fuera pasto era para ellos todo un experimento científico. Además, ¿qué podían perder? Volcarían en el corral las sobras de la comida diaria y eso no perjudicaría a nadie. Y si veían que en un par de días el huemul no comía, retirarían los restos de comida y los llevarían al lugar en el que su padre quemaba y enterraba la basura.

Al día siguiente, don Rudecindo preparó un cordero asado. Cuando terminaron de comer, Ramiro y Pedro se miraron con complicidad. Les parecía imposible que un huemul comiera carne, pero no querían perder toda la tarde recolectando pasto hierba Carmelo.

Elvira quitó los platos de la mesa y los niños, que a veces juntaban los restos de carne para dárselos a los perros, esta vez lo hicieron para el huemul. Pusieron la comida en una bolsa, esperaron a que sus padres se acostaran a dormir la siesta, fueron al corral y volcaron allí los huesos con restos de carne.

No hace falta decir que Carmelo no comió. Ignoraba si esos restos podían saciar su apetito, pero sabía que un huemul ni siquiera debía probarlos.

Las sobras de comida permanecieron dos días en el lugar. Al cabo de ese tiempo los niños las retiraron y las volcaron en un recipiente para basura. Se convencieron entonces de que su padre tenía razón, pero se negaron salir a cortar hierba para Carmelo y esperaron una nueva oportunidad, que se les presentó tres días después.

Habían terminado el almuerzo y a Ramiro se le ocurrió que podían darle a Carmelo las sobras de la ensalada. Como no encontraron una excusa para separar una parte de los restos de la comida —pues los perros no comían ensalada y no tenían ninguna mascota que lo hiciera—, debieron esperar a que su madre la arrojara a la basura para retirarla de ahí y llevarla al corral.

Para entonces el apetito de Carmelo se había convertido en hambre atroz y su cuerpo se había debilitado tanto que casi no podía mantenerse en pie. Cuando los niños le dieron los restos de ensalada, el animal vio que se trataba de vegetales de hoja verde y tuvo la esperanza de que esos restos se parecieran un poco a lo que comía un huemul en libertad. Se acercó a los restos de ensalada, seleccionó una hoja de lechuga y la mordió con precaución. El aceite que contenía le produjo una sensación extraña pero después se habituó y pudo tolerarlo.

Esperó unos minutos y comió otra hoja. Al cabo de un rato comprobó que no había más lechuga y tuvo que probar un trozo de tomate. Ese ingrediente le desagradó pero su hambre era tan intensa que devoró el resto tan rápido como pudo. Después continuó con unos pequeños trozos blancos (que eran patatas hervidas y huevos duros), y por fin, con su apetito satisfecho pero arrepentido de lo que acababa de hacer, se durmió.

V

A Carmelo la ensalada le pareció tolerable, pero por desgracia, la familia de don Rudecindo no comía ensalada todos los días. Peor aún: casi nunca la comían pues su principal alimento era la carne, que extraían de su propio ganado y cocían a leña en un fogón cercano a la casa. También solían comer pasta y empanadas, en especial durante los fines de semana; pero como la salsa de la pasta y el relleno de las empanadas contenían carne, Carmelo estaba condenado a nutrirse de ella o morir de hambre.

Durante los días siguientes esperó con ansiedad a que los niños volvieran a arrojarle un poco, pero sólo recibió trozos de carne, raviolis y arroz, alimentos que permanecieron dispersos en el corral por espacio de casi una semana, hasta que por fin los niños los retiraron.

Convencidos de que el huemul no se comería las sobras de la comida (no advirtieron que había comido ensalada), pero reacios a continuar juntando pasto, Ramiro y Pedro tomaron una decisión: si el animal quería alimentarse, que se las arreglara para hacerlo; de lo contrario, que comiera lo que ellos le daban.

Un par de días más tarde, al despertarse, Carmelo se sintió al borde de la muerte. Tenía fuertes mareos y le pareció que ya no tenía fuerzas ni para alzar su cabeza.

Ese mediodía, después del almuerzo, la mujer de don Rudecindo le arrojó un hueso a un perro desconocido que merodeaba alrededor de la vivienda. Pero lo lanzó con tanta fuerza que no cayó junto a la leñera, como había previsto, sino dentro del corral en el que estaba Carmelo. El huemul contempló indeciso el trozo de carne pegado al hueso y se acercó a él. Se aseguró de que Elvira no le viera y lo devoró con avidez.

Pero Carmelo no estaba solo. Oculto entre unos matorrales de calafate, Pedro había seguido el curso de los acontecimientos. Había visto a su madre arrojar el hueso y de inmediato se había escondido, suponiendo que Carmelo se acercaría aunque sólo fuera por curiosidad.

En lugar de contárselo a sus padres y a su hermano, Pedro resolvió guardar el secreto y asegurarse de que Carmelo podía comer otros restos de comida, pues eso le permitiría mantenerle con vida sin necesidad de juntar pasto. Al atardecer tomó un poco de arroz cocido que su madre había dejado en un recipiente y salió de la casa procurando no ser descubierto. Esparció la comida como al descuido dentro del corral y volvió a esconderse detrás de los arbustos. Y antes de que las sombras de la noche ocultaran el paisaje, pudo ver a Carmelo comiendo arroz como si se tratara de la hierba más tierna y exquisita que crecía en lo alto de la montaña.

La excitación de Pedro era tan grande que corrió a contárselo a Ramiro. Don Rudecindo oyó el comentario, y por supuesto, no le creyó. Su hermano, en cambio, esperó hasta el día siguiente antes de opinar.

Carmelo llegó a la conclusión de que no tenía sentido ocultar su comportamiento, pues tarde o temprano le verían tomar alimentos que los huemules en libertad detestaban. Y aunque fingió que no le importaba ser observado cuando comía, al día siguiente, mientras devoraba unos raviolis que le habían dado después del almuerzo, la presencia de los niños lo puso nervioso y el alimento le cayó mal, tan mal que para poder recuperarse debió pasar un día entero sin probar alimento alguno.

Tuvo que acostumbrarse a comer de todo, pues el pasto del corral crecía muy despacio debido a la sequía y al frío. Al principio echó mucho de menos las hierbas de alta montaña, pero poco a poco fue adaptándose. También debió habituarse a depender de los humanos, y esto, a decir verdad, le resultó aún más difícil, pues los huemules son animales libres. Pero a pesar de que detestaba ser esclavo de la voluntad de esa familia, ésas eran las nuevas reglas de juego y debía aceptarlas.

Al principio le parecía una herejía tomar algo que no podía conseguir por sus propios medios, como hace cualquier huemul, y que además era ajeno a la dieta de su especie. Pero al final acabó por aceptar los restos de comida que le daba la familia y muy pronto su organismo logró digerir una gran variedad de alimentos.

Comenzó a notar que su vida había cambiado más de lo esperado y que poco a poco estaba perdiendo su condición de animal salvaje. En su camino hacia las altas cumbres, tras independizarse de sus padres, se había metido en ese maldito corral en busca de agua y ahora no podía salir. Pero, ¿en verdad era imposible abandonar el corral?, solía preguntarse.

Al cabo de unos días los niños le cambiaron la soga por una más corta que sólo usarían para jugar. La nueva atadura les permitía atraparlo con rapidez y moverlo a voluntad dentro del corral. Con esa medida también consiguieron que uno pudiera sostenerlo con firmeza, mientras el otro lo montaba como si se tratase de un caballo.

A menudo alguno de los niños se subía al huemul, y su hermano le paseaba a lo largo del corral tirando de la soga. A veces construían angostos corredores colocando dos hileras de botellas, y practicaban un juego que consistía en llevar al otro montado sobre Carmelo a través de esa improvisada senda. Ganaba quien menos botellas derribaba.

Otro juego que practicaban con el pequeño ciervo era tirar de la cuerda y hacerle saltar unos bancos de madera que los niños alineaban en forma equidistante a modo de vallas. En ese caso triunfaba quien lograba que el huemul derribara la menor cantidad de bancos. Una variante del juego consistía en hacer el recorrido registrando el tiempo empleado, y en ese caso ganaba quien menos tiempo necesitaba para sortear todas las vallas sin derribarlas.

Carmelo toleraba esos juegos, que le parecían absurdos, por temor a que una eventual rebeldía le privara de su ración diaria de comida. Temía también que don Rudecindo lo matara si se negaba a jugar con los niños. Por lo demás, Ramiro y Pedro eran cariñosos con él y en ningún momento lo maltrataban, ni siquiera cuando alguno de ellos perdía por su culpa en un juego cualquiera.

El cariño de los hijos del poblador no podía compararse con las manifestaciones de afecto de otros huemules, pero al menos representaba un buen motivo para permanecer en el corral. Además, cuando hacía frío, Ramiro y Pedro lo abrigaban con un viejo poncho que había pertenecido a su abuelo, y cuando llovía lo protegían trasladando hasta el corral la cubierta que alguna vez había cubierto la caja de la vieja camioneta de su padre. A veces, en esos días de lluvia, ellos también se cubrían con una manta y permanecían al lado del huemul hasta quedarse dormidos.

VI

Carmelo se acostumbró a todo, incluso a la falta de libertad. El corral le parecía ahora un sitio razonable para vivir: ya se había habituado a alimentarse de las sobras de la comida y tanto don Rudecindo como sus hijos estaban pendientes de que no le faltara agua en el bebedero. Además, el huemul pensaba que dentro del corral no corría riesgos como en la montaña, donde los cazadores furtivos podían acabar con su vida.

Para su asombro y alegría, muy pronto la familia empezó a preocuparse aún más por él. Los niños convencieron a su padre de que debían construir un establo para protegerlo, y don Rudecindo les dio el gusto. Consiguió madera en el aserradero que un amigo había instalado en medio del bosque de lenga, y en poco tiempo, con la ayuda de los niños y de algunos peones del campo, levantó un refugio en el que incluso colocó mantas para que el animal no pasara frío durante la noche.

Cuando los niños vieron que Carmelo era capaz de saciar su apetito con cualquier clase de alimento, comenzaron a darle un caramelo después de las comidas, como hacía su madre con ellos. Bastaba ahora que Ramiro o Pedro colocaran un caramelo sobre la palma de sus manos, para que Carmelo se acercara y se lo comiera. Al principio esos bocados dulces le provocaban un efecto extraño en el organismo, pero después se habituó a ellos y llegó incluso a echarlos de menos cuando no los recibía. Los niños también probaron con trozos de chocolate, que el animal aceptó en poco tiempo.

Comenzó a engordar y a sentirse mal, no sólo por los cambios en la alimentación, sino también porque comía demasiado. Acostumbrado a la hierba, los alimentos que le daban ahora lo sumían en un profundo sueño que a menudo se prolongaba por espacio de varias horas. Y cuando despertaba, tenía la sensación de tener todo su cuerpo atrofiado: le costaba caminar, sufría vértigos ante el menor movimiento y tenía la sensación de que sus patas ni siquiera eran capaces de sostenerlo. Los caramelos y chocolates le brindaban una leve sensación de placer, pero ésta desaparecía en cuanto los digería.

Cuando comía golosinas pensaba que esas sensaciones agradables eran una especie de compensación por todo lo que le faltaba en el corral. A veces miraba a lo lejos, hacia las montañas, y notaba que cada vez le parecían más distantes. La idea de subirlas se le antojaba cada día más absurda, no sólo porque estaba encerrado, sino también porque su exceso de peso, su falta de ejercicio y su pereza se lo impedían. Advertía que ya no echaba de menos la hierba ni los arroyos de la montaña, pues se había habituado por completo a su nueva alimentación. Y si bien el agua que ahora bebía estaba sucia debido al óxido de hierro del bebedero, y tendía a pudrirse porque la familia no la renovaba con frecuencia (su estrategia de volcarla para que se la cambiaran ya no daba resultado), al menos le bastaba para saciar su sed.

Cuando comprendió que dependía por completo de esa familia, comenzó a jugar con los niños de un modo desdeñoso. Quería mantener una relación que le garantizara los beneficios conquistados pero no deseaba establecer un vínculo que aumentara su dependencia. Además, como había engordado mucho, cada vez le era más difícil participar en los juegos. Los niños advirtieron ese cambio en el cuerpo del animal y su padre también se lo hizo notar, sugiriéndoles que le dieran de comer hierba, pues de lo contrario acabaría por reventar de gordo o bien enfermaría.

Ellos se asustaron y obedecieron a su padre. Dedicaron toda una tarde a recolectar una enorme cantidad de hierba que volcaron después dentro del corral sobre el suelo desnudo. Conscientes de que Carmelo ya había sido domesticado y podía comer en su presencia, pasaron cerca de dos horas esperando en vano. Y por fin, cansados, abandonaron el lugar, pensando que quizá esa hierba le entristecía al recordarle su época de animal salvaje y que por eso prefería comérsela a solas.

En cuanto los niños se fueron, Carmelo se acercó a la hierba y la olió; pero como ya se había acostumbrado a la nueva dieta, pese a tener hambre ni siquiera la probó.

A la mañana siguiente, los niños corrieron ansiosos hasta el corral y se asombraron de ver que el alimento aún estaba ahí. Consultaron a su padre y él les dijo que probaran con otra planta que al parecer gustaba a los huemules. Ellos acataron la sugerencia de inmediato, pero con el mismo resultado: Carmelo ya no comía hierba.

Ante esta nueva realidad, decidieron seguir dándole restos de comida, pero en raciones más pequeñas para evitar que engordara. Carmelo sospechó que le daban menos alimento para que no subiera de peso y lo aceptó, consciente de que ya casi no podía moverse. Comprendió al mismo tiempo que debía hacer ejercicio, no sólo para bajar de peso, sino también para no alejarse demasiado de la aptitud física que debía tener un ejemplar de su especie. Y así, a pesar de que odiaba los juegos, él mismo comenzó a buscar a los niños, pues había perdido la voluntad de moverse y ellos lo estimulaban a hacerlo.

Su dependencia de esa familia era ahora completa, pero ya no le importaba. El pequeño mundo que le rodeaba respondía a sus necesidades y todo funcionaba a la perfección. Tenía comida, abrigo y protección, y a cambio no le exigían más que jugar de vez en cuando con los niños. Y si bien detestaba esos juegos, sabía también que le proporcionaban beneficios físicos. Además, como solía pensar, mientras él estaba en el corral, abrigado y a salvo, otros huemules pasaban frío en lo alto de la montaña, tenían que caminar a diario por espacio de varias horas para encontrar pasto y debían evitar el contacto con los hombres y sus perros, que podían provocarles la muerte.

A menudo, a la luz de esas reflexiones, Carmelo acababa por convencerse de que era un huemul privilegiado.

VII

Una mañana muy temprano, don Rudecindo lo sacó de la caballeriza arrastrándolo de la soga que le habían colocado alrededor del cuello. El hombre llevaba una caja con herramientas y acababa de dejar una escalera de madera apoyada contra el cerco del corral. Amarró a Carmelo al cercado y comenzó a romper el establo que había construido para él.

Los niños se acercaron para ver trabajar a su padre y su algarabía convenció a Carmelo de que ellos estaban de acuerdo con la medida. Pero ¿qué sucedía? ¿Por qué desarmaban el establo? ¿Acaso se había portado mal y estaban castigándole? Quizá fuera por haberse negado a comer la hierba...

Carmelo no comprendía nada. De pronto se le ocurrió que quizá fueran a liberarlo y, para su propio asombro, sintió temor. Miró hacia la cima de las montañas y se imaginó caminando allá arriba, entre desfiladeros de roca y paredes de hielo.

¿Quién podía garantizarle la supervivencia en un ambiente al que no estaba habituado? ¿Quedaría algún huemul con vida para hacerle compañía o para ayudarle? No lo sabía; pero en cambio estaba seguro de que necesitaba el establo y también a los niños, pues sin ellos ya no podría comer ni saciar su sed.

Experimentó una profunda tristeza y se dejó caer sobre la tierra del corral. Le atormentaba el ruido que producía don Rudecindo mientras desclavaba las tablas y las arrojaba al suelo. Los niños colaboraban con su padre y esto le desconcertaba aún más, porque lo consideraba un acto de traición por su parte.

Durante el resto del día continuaron con el trabajo hasta desmontar por completo el establo y, con la última luz del sol, los niños se acercaron a Carmelo para jugar.

Al día siguiente, el huemul observó con asombro que don Rudecindo iniciaba la construcción de un nuevo establo, o algo similar, mucho más grande que el anterior, a juzgar por la cantidad de materiales de los que había hecho acopio junto al cercado. El establo original estaba compuesto por postes y varas de madera en bruto. Para la nueva construcción, en cambio, don Rudecindo había traído ladrillos, vigas de madera y chapas metálicas. A decir verdad parecía dispuesto a levantar una casa y no un simple cobertizo para un animal.

El hombre trabajaba ahora con tanto afán y prolijidad, que Carmelo comenzó a desconfiar de que la construcción fuera para él. ¿Y si se trataba de una vivienda para alguien de la familia a quien no le gustaba la idea de tener un huemul a su lado?, reflexionaba por momentos.

La construcción del nuevo establo requirió más de dos semanas. Durante ese tiempo Carmelo se convenció de que era para él, y pensó además que se lo había ganado: se lo merecía por haber soportado el encierro, por haber cambiado sus costumbres ancestrales, por jugar a diario con los niños. Por primera vez comenzó a sentirse importante y llegó incluso a pensar que él era el único motivo de alegría para la familia Salinas, cuya vida en aquel paraje desolado debía ser en verdad aburrida.

En cuanto la cuadra estuvo lista, don Rudecindo tomó a Carmelo de la soga y le hizo entrar. Los niños lo siguieron, representando una especie de cortejo. La construcción consistía en dos paredes laterales y una posterior, y su techo a dos aguas estaba revestido con chapas metálicas. Un viejo colchón de lana reemplazaba la manta sobre la que dormía hasta entonces Carmelo, y había además una manta más gruesa y de mejor calidad que la anterior.

El corazón de Carmelo desbordaba orgullo y alegría, sentimientos que sólo se oscurecieron un poco con la llegada de la lluvia. Unas gotas enormes se estrellaron con estrépito contra las chapas del techo durante la tercera noche que pasó en el lugar y le impidieron dormir hasta que cesó el aguacero. Pero se habituó a ese ruido tan rápido como se había adaptado al resto de los cambios en sus hábitos de vida y, a partir de entonces, el golpeteo de las gotas de lluvia comenzó incluso a provocarle sueño. Por lo demás, su lecho era ahora mucho más mullido que el anterior y su refugio más cómodo, abrigado y seguro. ¿Qué más podía pedir?

Al cabo de unos días comenzó a acudir al campo gran cantidad de gente. Los niños conducían a cada uno de los visitantes hasta una ventanilla metálica, que la familia acababa de instalar y en la cual don Rudecindo cobraba dinero y retenía las cámaras fotográficas mientras explicaba que no se podían tomar imágenes del animal ni del lugar. El poblador había adoptado esta medida para evitar que alguna foto llegara a manos de las organizaciones protectoras del huemul, que podían forzarle a deshacerse del animal. Sin embargo, nadie se quejó de que el ciervo patagónico estuviera en cautiverio e incluso muchos sostuvieron que estaba mejor ahí que en su hábitat natural, pues contaba con abrigo y refugio y el cuidado de la familia impedía que algún cazador lo matara.

Don Rudecindo afirmaba que el animal era más feliz en el corral que en la montaña y que por eso no intentaba escapar, comía de todo y jugaba con los niños. El hombre argumentaba además que la mayoría de los huemules habían muerto, que muchos eran acosados por cazadores o a veces por los perros de los pobladores rurales, y que Carmelo permanecía con vida gracias a la protección y el cariño que le brindaba la familia.

Pese a las recomendaciones, muchos turistas ocultaban sus cámaras en un bolsillo y fotografiaban a Carmelo a escondidas. Ramiro y Pedro le contaban a la gente que el huemul comía lo mismo que los humanos y vendían caramelos y chocolates para que los visitantes más incrédulos comprobaran por sí mismos los extraños hábitos del animal.

Carmelo estaba encantado: decenas de personas acudían a verlo a diario, lo acariciaban y le daban golosinas. Y aunque él no entendía el lenguaje humano, se daba cuenta de que lo elogiaban. Por otra parte, lejos del rechazo que le habían producido al principio los gritos de los niños, recibía ahora el bullicio de la gente con verdadera alegría.

Hasta donde sabía, ningún otro huemul gozaba de tantos beneficios como él. Mientras otros ejemplares de su especie pasaban inadvertidos para el hombre, vivían como pobres nómadas y comían la poca hierba que encontraban, pasaban frío y corrían el riesgo de que los mataran, él se daba el lujo de tener mucho más de lo que necesitaba (incluido un nombre que le diferenciaba del resto) y recibía el cariño de la gente. Y si bien su aspecto físico no era el más saludable, ése era el precio que debía pagar por vivir en mejores condiciones que los demás.

Con el transcurso de los días la noticia sobre el huemul en cautiverio corrió como un reguero de pólvora y el número de personas que lo visitaban aumentó. A esa altura de los acontecimientos, don Rudecindo ya no tenía reparos en que los visitantes tomaran fotos del animal, e incluso promovía dicha actividad mediante la venta de rollos y máquinas instantáneas. Los niños que jugaban con Carmelo se contaban ahora por decenas. El animal disfrutaba mucho de esos juegos y de las fotos que le hacían y se había acostumbrado tanto a la presencia de los visitantes que ni siquiera le molestaba la basura que dejaban en el corral.

VIII

Don Rudecindo mejoró aún más el corral, no por apego a Carmelo, sino para hacer más rentable el negocio que había emprendido y compartía con su familia y que apuntaba a mejorar el futuro de sus hijos. Reemplazó el tambor del que bebía Carmelo por un bebedero metálico montado sobre una base de madera labrada y colgado de cadenas. El establo también sufrió modificaciones: el granjero sacó las chapas del techo y las cambió por tejuelas de madera que pintó de negro. Añadió una pared al frente, colocó cristales en las aberturas y montó una puerta de madera con resortes en la entrada que permitían el ingreso del animal con sólo empujar. Y como si hubiese querido desafiar a Carmelo a que se escapara, desarmó el cercado que limitaba el corral y lo reemplazó por uno nuevo, más bajo y mucho más prolijo.

Como el huemul se había convertido en la mascota preferida de la familia, su dueño resolvió quitarle la soga del cuello. Carmelo comprendió que lo consideraban un animal ya domesticado, y que, por tanto, suponían que no se escaparía aunque pudiera hacerlo. Le dolió que subestimaran sus ansias de libertad y juró escapar para rebelarse a la idea de la domesticación y también para recordarles que, a pesar de esa vida de encierro, en el fondo de su corazón seguía siendo un huemul salvaje como cualquier otro.

Los cambios mejoraron aún más la calidad de vida de Carmelo, que ya casi había descartado la idea de abandonar el lugar. Las reformas del corral y el establo atrajeron a un mayor número de visitantes. Don Rudecindo montó un bar donde la gente podía sentarse a comer y beber, e incluso comprar comida para alimentar de sus manos al huemul.

Ramiro y Pedro estaban orgullosos de que tanta gente fuera a contemplar a su mascota. Carmelo, por su parte, se sentía el centro de atracción del lugar y alimentaba su vanidad con las caricias de la gente y con los elogios, cuyo significado no entendía pero adivinaba. Los alimentos que recibía, no sólo de la familia (que de ese modo le premiaba por el éxito del negocio) sino también de los visitantes, eran cada vez más delicados y abundantes. Ya no se sentía acomplejado por el exceso de peso —pues notaba que a la gente le agradaba su aspecto— y eso era para él lo más importante. El sobrepeso le impedía moverse como cuando estaba en libertad pero no le importaba: comprendía que le bastaba ir de un extremo a otro del corral para gozar de todas las comodidades y complacer a quienes iban a verle.

A veces pensaba que debía haber huemules más hermosos que él. Sin embargo, para los visitantes él era el más bello, puesto que nunca habían visto, ni verían quizá, otro huemul en su vida. Y a fin de cuentas, lo que más le importaba era la opinión de los humanos, pues vivía entre hombres y habían sido ellos quienes le habían permitido mejorar sus condiciones de vida. Además, por compartir su existencia con los hombres, había comenzado a entender su lenguaje y su forma de pensar y se daba cuenta de que, para ellos, la belleza tenía relación con la popularidad: él era un huemul famoso en la zona y por eso los hombres le creían bello.

En relación a los animales, Carmelo pensaba que los hombres los preferían sumisos, dependientes y adaptados a sus costumbres. Un perro debía ser fiel y cariñoso, aunque su amo (si uno es amo el otro es esclavo, reflexionaba Carmelo) se encargara de declarar a espaldas de la mascota que la fidelidad y el amor son características de la raza humana y que los animales sólo se guían por su instinto.

De algún modo él también era una especie de perro, más grande y un poco distinto, al que se le exigían ciertas normas de comportamiento a cambio de los beneficios que recibía. Al parecer la gente prefería estar con un huemul que había cambiado sus hábitos de vida y que se dejaba acariciar y fotografiar, a ver a un ejemplar de esa especie en libertad y en la distancia, o a contemplar sólo sus huellas marcadas en el suelo del bosque.

Carmelo comprendía que era la dependencia de las personas la que daba importancia a su vida. Prefería someterse a ser un huemul anónimo como los demás. Desde luego le habría gustado salir del anonimato de un modo más acorde con la vida de un huemul, pero eso le parecía imposible. Habría deseado convertirse, por ejemplo, en el primer huemul que hubiera alcanzado el pico más alto de la cordillera de los Andes; ser el único ejemplar de su especie que conociera una rara hierba que curara todo pesar e inspirara una dicha profunda; convertirse en un guía que llevara a sus congéneres a los paisajes más hermosos e intactos del planeta; ser el primero en descubrir un sitio donde el sosiego fuera capaz de calmar la ira del hombre más malvado o de la fiera más agresiva.

Tenía varios sueños que habría querido hacer realidad en lugar de estar encerrado en ese diminuto corral. Pero no sabía cómo lograr que se cumplieran esos deseos y, por otra parte, tenía miedo de abandonar la vida segura. A veces se consolaba pensando que los huemules recorrían paisajes remotos y eran capaces de escalar las montañas más altas del mundo, aunque nadie se enteraría de su hazaña y, por lo tanto, seguirían siendo animales libres pero anónimos.

IX

Una mañana, Carmelo despertó y descubrió tres huemules macho dentro del corral.

—¿Qué hacen ustedes aquí? —preguntó irritado.

—Venimos en busca de un sitio seguro —respondió uno de ellos—. Estamos cansados de arriesgar nuestra vida...

Este comentario tranquilizó a Carmelo. Si los huemules corrían peligro y tres ejemplares de su especie –que por naturaleza amaban la libertad– habían decidido también encerrarse en un corral, lo más probable era que él estuviera haciendo lo correcto. Sin embargo, no cabían todos. En realidad había sitio, pero sólo si él sacrificaba una parte del espacio que le pertenecía y aceptaba compartir los beneficios obtenidos con ellos.

Después del mediodía llegó Ramiro con la comida y llamó a Carmelo. El animal estaba en el establo y al salir se encontró con los otros huemules. Caminó en dirección al chico y los otros tres le imitaron, avanzando a su lado. Por último los cuatro se detuvieron frente al niño que los miró desconcertado.

—¿Cuál de ustedes es Carmelo?

El único que comprendió la pregunta, sobra decirlo, fue Carmelo; pero no le valió de nada, pues no podía hablar para responder. ¿De qué le servía ser Carmelo si no podía demostrarlo? Entre furioso y decepcionado, comenzó a saltar moviendo sus cuatro patas al mismo tiempo, seguro de que esa conducta serviría para revelar su identidad. Pero observó molesto que el resto de los huemules le imitaba de inmediato.

—Pero... ¿cómo voy a saber ahora cuál es Carmelo? —preguntó confundido Ramiro.

Carmelo concibió una idea: esperaría a que Ramiro volcara la comida en el corral y comenzaría a comérsela y entonces el niño se daría cuenta de que él era su mascota.

Su estrategia dio resultado. Ramiro dispersó los restos de comida (era carne de cordero) sobre el suelo del corral, y aunque todos los animales se abalanzaron con desesperación sobre ella, el único que pudo comer fue Carmelo.

Aunque Ramiro le había distinguido con facilidad, Carmelo procuró mantenerse separado de los otros animales para diferenciarse del resto. En cuanto los niños volvieron al corral se acercó a jugar con ellos, suponiendo que los otros huemules serían incapaces de imitar ese comportamiento y que ése sería otro modo de probar su identidad.

Llegó la noche. Por temor a que los huemules intentaran meterse en el establo, Carmelo entró presuroso y apoyó su cuerpo contra la puerta del lado de adentro, bloqueando así la entrada. Notó sin embargo que ellos permanecían fuera, sin hacer ningún intento por entrar. Cayó en la cuenta de que hasta entonces esos animales habían vivido en libertad y por tanto estaban adaptados a la intemperie y no necesitaban cobijo. Pensó también que esos huemules necesitarían comer hierba, que en el corral no había, y recordó aliviado que ahora, gracias al cambio de cercado hecho por don Rudecindo, se podía entrar y salir con entera libertad.

Le pareció contradictorio que esos huemules buscaran seguridad en el corral y al mismo tiempo estuvieran dispuestos a pastar fuera, corriendo riesgos como si aún vivieran en la montaña. Quizá no habían advertido ese inconveniente, reflexionó, o tal vez el corral les transmitía una sensación de protección que les bastaba para sentirse seguros, aunque no estuvieran dentro todo el día.

A fin de cuentas esos huemules parecían desdeñar las ventajas que les brindaba el cercado: tener comida disponible sin necesidad de ir a buscarla, poder dormir seguros y abrigados en el establo, recibir afecto y recompensas materiales. Por lo tanto, trataría de convencerlos de que su permanencia en ese lugar no tenía sentido.

X

Pocos días después, don Rudecindo y sus hijos notaron que no podían diferenciar a Carmelo por su dieta, pues los tres nuevos huemules también se alimentaban ya de las sobras de la comida. Los cambios físicos provocados en Carmelo por su nueva alimentación ya se habían extendido a los otros animales y, por lo tanto, era casi imposible distinguir unos de otros.

Ramiro pensó en poner nombre a los otros tres. Sin embargo, como no podía diferenciarlos, comprendió que el nombre comenzaría a pasar de un animal a otro (incluido Carmelo), hasta que por último se perdería el vínculo entre su mascota y la palabra Carmelo. El niño se imaginó llamando a Faraón, su perro, con otro nombre, y concluyó que la mascota no habría respondido a su llamada, por lo que esta opción tampoco le parecía útil para reconocer y atraer a su huemul. ¿Qué alternativa quedaba entonces? Lo más lógico era, claro, llamar a todos Carmelo, no sólo porque así el verdadero Carmelo se presentaría, sino también porque de ese modo estarían respetando el nombre original escogido para su animal de compañía.

Ramiro y Pedro discutieron mucho sobre este tema y al final, por falta de alternativas mejores, decidieron que cuando se dirigieran a cualquiera de los huemules, le dirían Carmelo, aunque sólo Dios supiera cuál de ellos era el animal que habían bautizado primero.

Los nuevos huemules también se adaptaron muy pronto a los juegos y eso confundió aún más a los niños. Carmelo estaba furioso por la decisión de llamar a todos con su nombre, y al ver al resto de los huemules experimentaba ahora la extraña sensación de estar mirándose en el espejo que don Rudecindo solía colgar fuera de la casa por las mañanas para afeitarse. Lo que más le dolía era haber perdido la singularidad que hasta entonces tenía. Ya no era un ejemplar único en su especie: se había convertido en uno de los cuatro huemules anónimos que vivían en un corral, pues nadie sabía cuál de ellos era Carmelo y para él esa duda equivalía a no tener nombre.

Los tres huemules se movían en grupo y pasaban mucho tiempo fuera del corral junto a las ovejas de don Rudecindo. Carmelo, en cambio, consideraba que su deber era quedarse dentro. Tenía la certeza de que esa conducta facilitaría su identificación, al menos durante el tiempo en que los otros estuvieran afuera y, por otra parte, ya no deseaba salir.

Un día se despertó convencido de que debía identificarse de algún modo, y tuvo la idea de golpearse la cabeza para provocarse una herida que le hiciera distinto. Esperó a que los tres huemules salieran del corral y dio entonces con su cráneo contra uno de los postes del cercado que tenía un corte a bisel. Sintió de inmediato que la sangre corría por su cabeza y que un reguero pasaba junto a su ojo derecho, dificultándole la visión.

Los niños descubrieron la herida a última hora de la tarde, pero no les sirvió para identificarlo porque los cuatro huemules estaban ahora juntos y resultaba imposible saber que el de la lesión en la cabeza era Carmelo.

Al día siguiente vieron que tres de los huemules se alejaban del corral. Carmelo, convencido de que los niños ya sabían que el del corte en la cabeza era él, no salió. Sin embargo, Ramiro y Pedro pensaron que Carmelo podía ser uno de los tres huemules ausentes (el niño menor sostenía que la mascota se había hecho amiga de los huemules nuevos) y por lo tanto no llamaron Carmelo al de la herida en la cabeza y siguieron usando ese nombre para cualquiera de los cuatro animales.

Al cabo de un tiempo los niños colocaron en el establo mantas para los otros tres huemules. Por miedo a que esos animales le agredieran o don Rudecindo le echara por no llevarse bien con ellos, Carmelo aceptó compartir la comodidad de su establo. Pero en el fondo de su corazón se sintió herido, pues comprendió que ahora trataban a todos del mismo modo y que su condición de primer habitante del corral no le otorgaba ningún beneficio.

La aparición de los tres nuevos ejemplares mejoró mucho el negocio de don Rudecindo. Nadie en la zona tenía cuatro huemules en cautiverio, tan mansos que incluso era posible jugar con ellos. Además, su cautiverio, visto como privación de libertad, era relativo. El nuevo cercado del corral permitía que los animales escaparan cuando quisieran, por lo que, si no lo hacían era porque, como sostenía el poblador, se encontraban a gusto. Esto aumentó el prestigio de don Rudecindo incluso entre sus antiguos detractores, que al principio le acusaban de carcelero y ahora reconocían su deseo de cuidar a los animales.

Algunos visitantes opinaban que los animales no piensan y que en consecuencia los huemules sólo se quedaban por costumbre o por instinto y no por decisión propia. Pero como nadie podía probar esa teoría, don Rudecindo la rebatía con la simple realidad: los animales seguían en el corral y, a su juicio, eso se debía a que ahí eran felices (si es posible aplicar ese concepto a la vida animal).

La gente que acudía al lugar continuaba dando de comer a los huemules y la familia de don Rudecindo, por su parte, seguía alimentándolos con restos de comida. Pero como la cantidad de sobras era la misma y había ahora cuatro animales en lugar de uno, el alimento no era suficiente. Por suerte los nuevos complementaban la dieta pastando en las inmediaciones del cercado y eso atemperaba un poco la falta de comida.

Carmelo temía que don Rudecindo volviera a cerrar el corral y eso les impidiera salir a pastar. Por lo tanto sólo se alimentaba de sobras, que a su juicio nunca le faltarían. Pero el hombre, que confiaba en el carácter doméstico del animal, jamás pensó en volver a construir un cercado infranqueable. Sin embargo Carmelo nunca se atrevió a cruzar esa barrera, en algunas ocasiones por temor, y en otras por simple apatía.

Pese a que no congeniaban y debido a la necesidad de tolerancia que supone cualquier convivencia, la relación entre Carmelo y el resto de los huemules mejoró con el correr de los meses. A fin de cuentas todos querían comodidad y seguridad, beneficios que podían obtener sin necesidad de enemistarse. El punto más crítico era sin duda la comida. Carmelo comprendió que estaba gordo y aceptó comer menos, aunque al principio le dolió tener que cederle una porción de su alimento al resto, no tanto por la comida en sí, sino porque eso significaba renunciar a una parte de los derechos que había conseguido por vivir primero en el corral.

XI

Muy pronto los pocos pastizales que rodeaban el corral fueron arrasados, no sólo por los tres huemules que se obstinaban en seguir comiendo hierba de vez en cuando, sino también por las ovejas de don Rudecindo y por algunos de sus caballos que solían pastar en las inmediaciones de la vivienda.

Consciente de la falta de alimento para los animales, don Rudecindo comenzó a comprar fardos de pasto que introducía a diario en el corral. A pesar de esta medida, Carmelo continuó comiendo sobras por temor a acostumbrarse a la hierba y no tenerla en el futuro. El resto de los huemules, en cambio, se limitó a alimentarse casi por completo de pasto, sin preocuparse por su futura escasez. Era evidente que en el fondo deseaban ser herbívoros y que sólo consumían otros alimentos por necesidad.

Como gracias a los fardos de pasto, los tres huemules se alimentaban casi sólo de hierba y además hacían ejercicio pues salían a pastar lejos del corral, su aspecto empezó a mejorar. Estaban más delgados y vigorosos que Carmelo y la gente comenzó a notarlo. Los visitantes comparaban a los animales y apreciaban los cambios a simple vista: uno de ellos (que era Carmelo, pero ellos no lo sabían) estaba cada vez más gordo y débil y su pelo aparecía opaco y descolorido. Los otros, por el contrario, mostraban un aspecto cada vez más sano y, por lo tanto, eran más atractivos. Además, parecían más alegres y predispuestos a jugar que Carmelo y esto entusiasmaba mucho al público, y en especial a los niños, que concentraban su atención en los nuevos animales.

Durante un tiempo Carmelo se propuso revertir esa situación y comenzó a correr dentro del corral para bajar de peso y estar mejor. Pero en pocos días se dio por vencido y no cedió a la tentación de comer de los fardos de pasto para mejorar su apariencia. Comprendió que ya era demasiado tarde para parecerse al resto y que los resultados no compensaban el esfuerzo de cambiar sus hábitos de vida.

Verse despojado del reconocimiento de los visitantes le produjo una honda tristeza que nunca antes había experimentado. Pasaba días enteros encerrado en el establo, sin el menor deseo de ver a alguien o hablar con los otros huemules, y sólo salía a comer cuando estaba seguro de que toda la gente se había ido.

Presa de un profundo desconcierto, Carmelo se hundió cada vez más en un estado de compasión por sí mismo. Con el correr del tiempo se dio cuenta de que su única preocupación eran esos tres huemules que le hacían la vida imposible y se convenció de que debía partir en busca de un lugar donde pudiera recuperar la popularidad. Pero le parecía injusto tener que irse pues los beneficios del corral le correspondían a él en su condición de pionero de la vida en cautiverio. Sin embargo comprendía que el único modo de volver a ser Carmelo, con todo lo que ese nombre implicaba, era buscar otra familia y convertirse en su mascota.

Varias veces pensó en salir a buscar un nuevo hogar, pero siempre algo le disuadió. A veces llegaba a alejarse de su morada un centenar de metros y, cuando miraba en derredor, advertía que no había ningún corral cerca. Entonces decidía volver, pues temía pasarse todo el día buscando en vano. En ocasiones también le desalentaba el miedo a que los tres huemules le impidieran entrar, a que Don Rudecindo le expulsara por haberse atrevido a abandonar el corral (aunque sólo fuera por un rato), o peor aún, a que un cuarto huemul tomara su lugar.

Al final todas esas especulaciones estuvieron de más ya que la buena suerte lo acompañó y no tuvo necesidad de irse; una mañana, después de tomar mate y recorrer el campo a caballo, don Rudecindo encontró a los tres huemules muertos en medio del corral.

Carmelo atribuyó ese hecho a una fuerza poderosa y desconocida que lo había ayudado porque se lo merecía. Don Rudecindo no pudo explicar la extraña muerte de los animales y nadie, ni siquiera la gente que visitaba el lugar, supo nunca que los tres huemules habían fallecido de coccidiosis, una enfermedad contagiada por las ovejas y de la cual Carmelo se había salvado de puro milagro.

XII

Tras la desaparición de los huemules, la familia volvió a tratar a su mascota como lo había hecho al principio. Carmelo se preguntaba si lo reconocían, o si por el contrario los niños ignoraban cuál de los huemules seguía con vida y lo llamaban por su nombre por simple costumbre. Pero con el correr de los días acabó por convencerse de que Pedro y Ramiro se daban cuenta de que él era Carmelo, es decir, el primer huemul que había entrado en el corral y por eso lo trataban con afecto.

Los visitantes coincidían en que la muerte de los tres animales había sido extraña. No menos raro era que el huemul restante, que había estado en contacto permanente con los demás, hubiera sobrevivido. Y como ya todos coincidían en que Carmelo era Carmelo, es decir, el ejemplar que había habitado el corral desde el principio, la gente suponía que los tres nuevos huemules no habían soportado el encierro (aunque nadie sabía a ciencia cierta cuáles eran los perjuicios de la reclusión) y que en cambio Carmelo, acostumbrado a vivir en el cercado desde pequeño, no había sufrido las consecuencias negativas de la falta de libertad.

En realidad, como ya se dijo, el cautiverio era relativo, puesto que el vallado actual permitía a cualquiera de los huemules escapar cuando quisiera. Esta verdad comenzó a correr de boca en boca y muy pronto los visitantes concluyeron que Carmelo no sólo se había adaptado al corral y por eso había sobrevivido, sino que también adoraba esa vida, pues de lo contrario se habría marchado.

Después de la muerte de los tres huemules, la vanidad se apoderó de Carmelo: el animal se paseaba con arrogancia delante de los visitantes y despreciaba algunos alimentos que antes comía sin reparos. Ya ni siquiera probaba las sobras de comida que tuvieran más de un día y rechazaba algunos alimentos como el arroz y la harina de maíz. Sabía que era el animal más famoso de la región y, por tanto, se creía con derecho a seleccionar su dieta.

Como si hubiese adivinado los engreídos pensamientos del animal, don Rudecindo decidió transformar el corral en un jardín. Extrajo el poco pasto que quedaba al borde del cercado, sobre el lado del corral que miraba al frente de la casa. Excavó el suelo para remover la arena, llevó tierra de un pozo que había abierto hacía poco, rellenó la zona excavada, le agregó estiércol de vaca, y por último, cuando el terreno estuvo listo, colocó plantines que en poco tiempo llenaron el lugar de flores.

Carmelo estaba sorprendido y halagado pues pensaba que las flores eran para él y no para el público. Esos pétalos coloridos atraían a insectos y colibríes y eso colmaba de alegría al huemul que posaba junto a las flores cada vez que un visitante se disponía a tomarle una fotografía.

Tan seguro estaba de que las plantas le pertenecían, que más de una vez cedió a la tentación de comérselas. Así fue cortando una o dos de ellas después de las comidas, a modo de postre, mientras verificaba que nadie lo viera. Algunas eran demasiado fragantes y le provocaban una ligera indigestión, pero a pesar de eso acabó con ellas muy pronto, para sorpresa de la familia que no sospechaba del huemul y atribuía la desaparición de las flores a las manos traviesas de los niños que visitaban a diario el lugar.

Esa conjetura tenía bastante sentido, ya que con la creación del jardín aumentó el número de visitantes y muchos de ellos eran niños. Esta situación hizo que don Rudecindo pensara en seguir con las reformas. Concibió entonces la idea de construir bancos de madera para que la gente pudiera sentarse cerca de Carmelo.

En menos de un mes creó hermosos asientos, aprovechando unos cipreses secos que habían caído cerca de la casa durante un vendaval. Unió las tablas de los bancos con bulones y después pulió el conjunto y lo protegió con dos capas de barniz.

Como era bastante descuidado en el mantenimiento de su casa, el empeño y la prolijidad que ponía ahora en el corral hacían que su mujer se enojara. A diferencia de él, ella no comprendía –o quizá se negaba a admitir– que los ingresos sólo aumentaban cuando mejoraba el aspecto del lugar. El hombre estaba convencido de que Carmelo podía estar viejo, gordo o sucio y eso no sólo no le importaba a nadie, sino que los visitantes ni siquiera lo advertían. Pero si el lugar tenía un aspecto desagradable, si la madera de los bancos no relucía o si el cobertizo que amparaba a Carmelo de la intemperie tenía el techo desvencijado, el negocio no funcionaba.

Don Rudecindo forzaba a sus hijos a vestirse bien durante el día, cuando debían acompañar a los visitantes en sus juegos con el animal, o venderles comida y rollos fotográficos. Pero no había podido convencer a su mujer de que hiciera lo mismo. Cuando él la avisaba de que alguien quería comprar pan casero o tortas fritas recién hechas, ella se negaba a ponerse la poca ropa nueva que tenía y atendía a los clientes como estaba vestida en ese momento, sin importarle que su delantal estuviera sucio o su abrigo tuviese agujeros.

Elvira consideraba que ese negocio era un gran circo en el que estaban utilizando al pobre animal como si fuese un león amaestrado. Pensaba además que esa actividad estaba alejando a sus hijos del trabajo del campo e inculcándoles un modo indecente de ganarse la vida que consistía en hacer dinero fácil explotando a un animal nacido para ser libre. Sin embargo, continuaba amasando pan para vendérselo a los visitantes y, a pesar de su disgusto, los trataba con amabilidad pues en el fondo comprendía que esa alternativa económica era mucho más lucrativa que el trabajo rural y podía asegurar a sus hijos un futuro provechoso.

Don Rudecindo continuó con las reformas. Construyó fogones de piedra para que los visitantes pudieran asar carne junto al corral y contemplar luego al huemul comiendo los restos de asado que ellos mismos le arrojaban. Añadió también mesas de madera, con un par de bancos a cada lado, y un recipiente para residuos junto a cada fogón.

Además de agregar otros tipos de flores, el poblador plantó arbustos y árboles nativos y construyó un sendero que conducía al establo de Carmelo. Consiguió fotos de huemules, tomadas en lo alto de la montaña por algunos de sus amigos, y las enmarcó y colgó de las paredes del establo para ambientar el lugar. Recopiló también textos alusivos al huemul y los copió y encarpetó para que los visitantes pudieran leerlos. A sugerencia de un amigo preparó un herbario con las principales plantas que constituían la dieta de los huemules; pero cuando se disponía a exhibirlo, recordó que Carmelo había abandonado la herbivoría hacía ya mucho tiempo. Temió entonces que la consulta del herbario recordara a los turistas la vida que debía llevar Carmelo para ser un verdadero huemul y prefirió mantenerlo oculto a fin de preservar su negocio, que en definitiva se basaba en el cambio de hábitos del animal.

Carmelo recibió estos nuevos cambios con entusiasmo pues notaba que su popularidad iba en aumento. La gente llegaba de lugares cada vez más distantes y el tipo de visitantes se hacía más diverso. Algunos iban con el fin exclusivo de ver al huemul y pasaban horas enteras lo más cerca posible del animal, sin ni siquiera reparar en la belleza de las nuevas plantas. Otros, en cambio, acudían al lugar con el único propósito de divertirse en familia y para ellos la presencia del huemul sólo representaba un detalle más. Sin embargo, el animal creía que todos los visitantes iban a verle a él y se imaginaba que los bancos eran para que la gente pudiera contemplarlo con más comodidad, que las flores estaban destinadas a resaltar su belleza de ciervo patagónico y que los árboles servían para fotografiarlo en un ambiente similar al de sus hermanos de la montaña.

XIII

Una mañana, Carmelo salió del establo y se encontró con una hembra de su especie. No supo si era hermosa porque no estaba acostumbrado a ver hembras y a comparar unas con otras, pero de inmediato sintió por ella una fuerte atracción. Su contacto con ellas se había producido antes de alcanzar la madurez sexual y era la primera vez que se encontraba con una de ellas desde que se había despertado su instinto de apareamiento. Por su parte ella también pareció interesarse por él de inmediato y poco tiempo después hubo entre ambos un primer acercamiento.

Al cabo de unos días la hembra se estableció en el corral y Carmelo concluyó que ella era la compañera ideal para complementar esa vida de reclusión voluntaria. La hembra venía a llenar un vacío que hasta entonces él desconocía. Cuando estaba con ella comprendía que ya le resultaría imposible volver a vivir solo, como se le antojaba inviable volver a ser un huemul en el sentido estricto de la palabra, es decir, a vivir en medio de la montaña y alimentarse de hierbas.

Ella también creyó haber encontrado la situación ideal. Y si bien al principio vaciló ante la alternativa de vivir en el corral, poco a poco fue acostumbrándose a la comodidad y a la vida sedentaria como se había habituado Carmelo, y al final acabó por adaptarse también por completo a esa situación. Era una de esas hembras que adoran la compañía permanente del macho y la seguridad ante todo, condiciones que la habían convencido para encerrarse en el corral. Los huemules que había conocido hasta entonces eran independientes y soñadores y ansiaban cambios que resultaban peligrosos para una hembra como ella, acostumbrada a la rutina y a caminar sobre terreno seguro.

Carmelo, a diferencia del resto, parecía ser un animal fiel y sumiso, que sólo aspiraba a tener seguridad y cariño, y que de ningún modo la abandonaría por otra o por el rebelde y absurdo deseo de experimentar nuevas situaciones. Por algo vivía en un corral y no en medio de la montaña, reflexionaba ella. Además, ambos conformaban la única pareja de huemules en varios kilómetros a la redonda, y este aislamiento impedía que alguno de los dos sintiera la tentación de relacionarse con otro ejemplar de la especie.

Ramiro y Pedro se alegraron mucho de que su mascota preferida tuviera la compañía de esa cérvida, que de inmediato bautizaron con el nombre de Clara. Pocos días después, los niños festejaron la unión de los dos huemules simulando una boda en la que tararearon los acordes de la marcha nupcial, arrojaron arroz sobre el lomo de los animales y les colocaron en la oreja derecha una especie de anillo de compromiso, que consistía en una cinta blanca rematada con un enorme moño, y que muy pronto, debido al modo en que los huemules mueven sus grandes orejas, acabó pisoteada por los propios animales sobre el suelo del corral.

La aparición de Clara creó en los visitantes expectativas de que la pareja tuviera una cría en cautiverio. Don Rudecindo aprovechó ese hecho para recorrer los pueblos cercanos en su vieja camioneta, invitando a la gente a conocer a sus animales. «No se pierda esta oportunidad única de ver a una pareja de huemules, esos hermosos ciervos patagónicos en vías de extinción, viviendo cómoda y felizmente en un corral», repetía sin cesar el hombre por medio de un altavoz, mientras transitaba los polvorientos caminos rurales de la zona.

Para la gente del lugar no era común ver huemules, y menos aún en pareja, por lo que la población respondió muy pronto a la novedad. Don Rudecindo subió el precio de la entrada a su predio y de ese modo logró recaudar más dinero que nunca.

Carmelo y Clara conversaban muy poco. Dedicaban la mayor parte del día a exhibirse ante los visitantes y a recibir las recompensas correspondientes. La hembra se habituó enseguida al contacto con los humanos y a los alimentos que ellos le brindaban. En menos tiempo del que le había supuesto a Carmelo, abandonó por completo la herbivoría y hasta pudo comer chocolate. Era una hembra dócil y conformista que siempre estaba predispuesta a jugar con los niños y a dejarse acariciar por todo el mundo. Y si bien hasta entonces había vivido en libertad, la situación de encierro voluntario y adaptación al comportamiento humano le parecía placentera, en especial porque había hecho realidad su sueño de encontrar un macho que permaneciera todo el tiempo a su lado.

Carmelo la convenció de que ambos vivían en condiciones de privilegio. Ella se identificó tanto con esa idea que comenzó a despreciar al resto de los huemules, y llegó incluso a descartar las salidas fuera del corral para evitar un encuentro con alguno de ellos.

La vida en pareja no restó protagonismo a Carmelo, que seguía siendo la estrella del lugar, y era consciente de ello. Se sentía ahora el rey de los huemules y Clara compartía ese sentimiento de vanidad, aunque más por idolatría hacia él que por creerse la reina de su especie.

Al lado de Carmelo se sentía segura. Sin embargo, ese sentimiento de seguridad provenía de su amor por él y no de su convicción de que la vida en el corral era lo mejor para ambos. Quería tanto a Carmelo que no encontraba en él defecto alguno, ni siquiera la posibilidad de que estuviera equivocado acerca del modo en que debían vivir. Él por su parte no experimentaba sentimientos tan profundos, pero creía quererla y le reconfortaba tenerla a su lado, en especial porque Clara tenía virtudes que hacían casi perfecta la convivencia: jamás le contradecía, valoraba la vida del corral tanto como él, sólo conversaba en la medida en que él quisiera hacerlo, siempre estaba de buen humor y jamás hacía preguntas ni conjeturas acerca del futuro.

Con esta nueva vida de pareja, Carmelo creyó recuperar su singularidad. Ahora ya nadie podía confundirlo con otro huemul, como sucedía cuando había otros tres ejemplares de la especie en el corral. Tampoco podían asemejarle con Clara, ya que bastaba observar su cornamenta y el tamaño de su cuerpo, más grande que el de cualquier hembra, para comprender que se trataba de un macho. Y por último estaba su nombre, que lo unía a los humanos de un modo inequívoco.

El vínculo entre Carmelo y Clara se basaba en la aceptación de lo que sucedía a diario y en el rechazo a cualquier experiencia nueva, que a juicio de ambos podía atentar contra la estabilidad de la pareja. Había entre ellos un acuerdo tácito: ninguno proponía cambios. Pero en el fondo de sus corazones la realidad cotidiana no les satisfacía por completo pues sabían que la verdadera felicidad no tenía nada que ver con esa situación de encierro. Sin embargo, cuando pensaban en otras alternativas de vida, más acordes con la libertad que caracterizaba a los huemules, comprendían que no tenían el valor de enfrentar los cambios necesarios y sentían una profunda frustración.

Un día Carmelo le confesó a Clara su sueño más preciado: alcanzar el pico más alto de las montañas que se veían desde el corral. A partir de entonces ella no volvió a mencionar el tema, pues suponía que cualquier referencia a ese sueño, imposible mientras estuvieran en el cercado, frustraría a su compañero. Además, a menudo tenía miedo de que él, en un rapto de osadía, la abandonara para hacer realidad ese anhelo.

Carmelo tampoco hacía comentarios o preguntas sobre la vida de Clara o sobre el mundo exterior. A veces, por rebeldía involuntaria, uno de los dos hablaba de la vida salvaje que llevaban los huemules en lo alto de la montaña y entonces el otro le recordaba de inmediato los beneficios de habitar el corral: allí tenían abrigo y comida y recibían los elogios de los visitantes adultos y el afecto de los niños. Durante esas breves conversaciones se miraban de soslayo, uno asentía moviendo sus orejas, y el otro, que temía romper el silencio con una expresión inadecuada, permanecía callado. Entonces uno de ellos se alejaba y regresaba a la hora en que la familia terminaba de almorzar y arrojaba las sobras al corral. Luego esperaban juntos la llegada de los visitantes y por fin la caída de la noche, que los forzaba a recluirse en el establo porque ya estaban acostumbrados al abrigo de las mantas y al amparo de un techo y no soportaban la intemperie sin los rayos del sol.

XIV

Los días se parecían tanto entre sí que Carmelo y Clara perdieron la noción del tiempo. Sólo percibían cambios en sus vidas cuando culminaba una estación y comenzaba otra y entonces disminuía o aumentaba la cantidad de visitantes, hacía más o menos frío, las hojas de los árboles volvían a brotar o se tornaban amarillas o el corral se cubría de flores o de una delgada capa de nieve.

Al cabo de un tiempo, imposible de medir, Carmelo notó que Clara no sólo no le apasionaba sino que había perdido todo interés por ella, aunque en realidad ignoraba si alguna vez lo había tenido. Jamás discutían, y ése era precisamente uno de los aspectos que más le disgustaba de la relación. Se sentía cómodo junto a Clara, pero esa comodidad era la misma que podía haber tenido al lado de cualquier otra hembra de su especie y su presencia no representaba un estímulo suficiente para que su vida fuera más profunda y apasionada. Ignoraba si Clara pensaba lo mismo de él pero no se atrevía a averiguarlo por temor a que la opinión de ambos coincidiera y el hecho de saberlo acabara por separarlos.

Los dos cumplían a la perfección su papel de *partenaire* en esa pareja de animales destinados a exhibirse frente a un público ingenuo, que los juzgaba dichosos por el simple hecho de verlos juntos, cómodos y seguros. Carmelo comprendía que representaban una imagen de pareja perfecta, que a criterio de los visitantes aseguraría la preservación de la especie, ya que para los humanos toda pareja feliz debe dejar descendencia. La expectativa de nacimiento de una cría justificaba ante el público que Carmelo y Clara vivieran en el corral, y a su vez a ellos les proporcionaba fama.

Carmelo ocultaba su desamor por Clara para seguir gozando de los beneficios del corral, que a su juicio la familia podía negarle si la pareja se disolvía. Don Rudecindo fingía preocupación por la preservación de la especie con el único fin de recaudar dinero. En suma, todos se comportaban con hipocresía. Pero, ¿de qué otro modo podían actuar si ninguno tenía alternativas? El poblador había montado ese negocio sin proponérselo, porque en realidad no sabía hacer otra cosa que criar ganado, y sólo seguía adelante con el espectáculo de los huemules porque le resultaba rentable. Carmelo, por su parte, no estaba conforme con su relación con Clara, pero ignoraba si podría encontrar una hembra que le hiciera feliz, y temía además que la soledad del corral o los peligros de las altas montañas fueran peores que su vida con esa compañera cuyo carácter sumiso ni siquiera le quitaba protagonismo frente a los visitantes.

Clara era quizá la más honesta de todos. Se conformaba con lo que recibía, fuera poco o mucho, pues comprendía que sus privilegios se debían a Carmelo y que sin él nunca habría conocido el valor de un elogio o el sabor de un chocolate. Quería a Carmelo con locura, aunque era la primera vez que tenía un macho a su lado y por lo tanto no alcanzaba a discernir si el amor podía adoptar formas más profundas y sublimes o si siempre se manifestaba como ella lo sentía.

A veces Carmelo se preguntaba si era feliz en el corral. En ocasiones, al cabo de una jornada en la que los visitantes habían sido generosos con Clara y con él, le parecía que sí, que en verdad era feliz. Pero era precisamente esa duda acerca de su felicidad lo que más le molestaba. Habría preferido ser desdichado y saberlo con certeza, a tener esa vaga sensación de alegría que por momentos se le antojaba real y otras veces inducida por la necesidad de quedarse en el corral o por la falta de coraje para abandonarlo.

La fama de la pareja siguió creciendo y lo mismo sucedió con el número de visitantes. Y a pesar de que ambos animales estaban cada vez más feos debido a la falta de ejercicio y de hierba en su dieta, la gente los encontraba hermosos y les llevaba cada vez más golosinas, comportamiento que los afeaba aún más, pero que al mismo tiempo los envanecía hasta el punto de impedirles percibir su propio deterioro.

XV

Poco antes de la llegada de uno de los tantos veranos que pasaron juntos, Clara tuvo una cría. Ramiro y Pedro, a quienes su padre ya les había anticipado que Clara estaba preñada, no podían creerlo. Como se trataba de un macho, lo bautizaron con el nombre de Antonio y pocos días más tarde comenzaron sus intentos por aproximarse al pequeño para jugar. Pero todo movimiento fue en vano: Antonio huía en cuanto los veía acercarse y se comportaba del mismo modo frente a los visitantes, que desde su nacimiento eran muchos más.

Don Rudecindo se convirtió en un precursor de la protección de los huemules y hasta sus detractores debieron reconocer que su nueva actividad era todo un éxito. Teniendo en cuenta que el poblador había logrado criar una pareja e incluso hacerla procrear —proyecto en el que mucha gente con experiencia había fracasado— varios científicos que estudiaban al huemul avalaron su iniciativa.

Nadie, sobra decirlo, supuso que el nacimiento de Antonio era mérito exclusivo de Carmelo y Clara, y todos —con ese espíritu de superioridad sobre el resto de los seres vivos que caracteriza a los humanos— encontraron miles de hipótesis para explicar el éxito de la reproducción de esa pareja de huemules, pues ni los visitantes ni los científicos se atrevían a pensar que esos animales habían procreado a pesar de la presencia humana en el lugar, y no gracias a ella.

Mientras dependió de Clara para alimentarse, Antonio se mantuvo cerca de sus padres, limitándose a vagar por el corral y a mostrar un comportamiento del que ellos estaban orgullosos. Pero más tarde, cuando comenzó a comer hierba y ya no necesitó de su madre, se convirtió en un motivo de disgusto para la pareja. Mostraba síntomas de rebeldía que sus padres no toleraban, y Clara debía salir a buscarlo casi a diario, pues el pequeño se negaba a permanecer todo el tiempo encerrado y a menudo recorría los prados aledaños en busca de hierba, que en el corral había desaparecido casi por completo debido al pisoteo. Con frecuencia Antonio no regresaba hasta el día siguiente y entonces Carmelo y Clara pasaban la noche entera en vela culpándose el uno al otro por el comportamiento de su hijo.

Ni Clara ni Carmelo lograron que el pequeño mostrara interés por las manifestaciones de cariño de los visitantes. Tampoco consiguieron que cambiara su alimentación, pues no pudieron convencerle de que las sobras de la comida de la familia podían reemplazar a la hierba. Y si bien la cría recibía más elogios que sus padres y todos los visitantes estaban pendientes de su comportamiento, Antonio desdeñaba el lenguaje humano y el nombre que le habían puesto los niños, quienes de vez en cuando intentaban en vano acariciarlo, y se entristecían por la rebeldía del pequeño huemul.

Muy pronto Clara y Carmelo llegaron a la conclusión de que se trataba de un desobediente incurable y dejaron de preocuparse por él. Antonio se alegró de que le dejaran en paz, pero no dijo nada. No comprendía por qué sus padres vivían en ese corral y no en las montañas como el resto de huemules. Más de una vez les había hecho esa pregunta. Ellos tenían sus razones, le respondían; era demasiado pequeño para discutir el comportamiento de sus padres; cuando creciera tomaría sus propias decisiones...

Pero él no quería discutir, sólo deseaba saber. No quería cambiar a sus padres, ansiaba entenderlos. Por lo demás, aunque ellos vivieran en un corral, él podía hacer lo que quisiera, o lo que le dictara su instinto de animal salvaje. Comprendía que su libertad estaba intacta y a veces deseaba irse para siempre pues odiaba la vida que llevaban sus progenitores. Pero también se sentía atado a ellos.

Cuando volvía de pastar fuera del corral lo reprendían con furia. Y en lugar de alegrarse porque pasaba en la montaña un solo día, y no dos o tres como él deseaba, le recriminaban que con esas huidas estaba comprometiendo la imagen y el futuro de la familia. No comprendían que vagara sin rumbo fijo; ¿acaso no era mejor quedarse en el corral y gozar del privilegio de ser admirado por decenas de personas? Además, como solía decirle su padre, en medio de la montaña acabaría por convertirse en un ser solitario y al final de su vida no sería más que un huemul anónimo que no tendría un lugar fijo donde vivir ni gente que recordar.

Antonio adoraba los paseos por el bosque y advertía que en las montañas la hierba era más sabrosa y abundante que en valle donde vivía don Rudecindo. Pero como sus padres le exigían que se mantuviera siempre cerca, comenzó a pacer alrededor del corral, arrancando el escaso pasto que quedaba. Carmelo y Clara sólo le permitían alejarse hasta un punto donde ellos pudieran verlo. Los visitantes también querían que Antonio estuviera a la vista y solían enojarse porque se negaba a aceptar la comida que le llevaban. Nadie podía creer que, a diferencia de sus padres, ese pequeño caprichoso siguiera siendo herbívoro y que no admitiera una caricia en el lomo.

Carmelo y Clara limitaron aún más la libertad de Antonio, que comenzó a comportarse de un modo muy extraño. Permanecía dentro de los límites del corral y se las arreglaba para encontrar pasturas entre los troncos del cercado, como alguna vez lo había hecho Carmelo. Pero había adoptado la costumbre de defecar sobre la comida de sus padres y de orinar sobre las mantas del establo, a las que no podía acostumbrarse pese a la insistencia de su madre. En sus momentos de máxima rebeldía llegó incluso a embestir a los visitantes para arrebatarles sus máquinas fotográficas que luego pisoteaba hasta destrozar.

Estas actitudes colmaban de vergüenza a sus padres y hacían que el poblador pensara en deshacerse del pequeño huemul, que acabaría por arruinarle el negocio. Carmelo adivinó las intenciones de don Rudecindo y resolvió hablar con su hijo. Le pidió que actuara con cordura; le dijo que no tenía derecho a entorpecer la vida de sus padres y a poner en riesgo la estabilidad y los beneficios que habían conseguido con tanto sacrificio.

Antonio se rió y respondió a su padre que se alegraba de estar poniendo en riesgo esa clase de vida que nada tenía en común con la existencia salvaje de los huemules. El pequeño había pensado muchas veces que su desobediencia podía devolver la libertad a sus padres y ahora creía que estaba en el camino correcto.

SEGUNDA PARTE

«*¿Está usted persuadido de que la libertad humana,
sagrado patrimonio que cada uno recibe al nacer, y que
no admite abdicaciones ni prescripciones, está limitada?
¿Qué son esos códigos, esas leyes, esos reglamentos, esas
costumbres, esas sociedades y naciones, con sus reglas,
normas, órdenes y deberes, sino otros tantos barrotes de
la jaula invisible que encierra a todo ser humano con el
nombre de civilización?*»

GIOVANNI PAPINI, *La Reforma del Galateo, Bufonadas*

I

Durante mucho tiempo el comportamiento de Antonio
siguió siendo el mismo y al final sus padres se resignaron y le dejaron hacer. Comprendían que intentar
cambiarle era en vano y suponían que en algún momento el
pequeño se cansaría de su inútil rebeldía.

Carmelo se preguntaba por qué había tenido una cría
con Clara si en realidad no la quería y sólo sentía por ella
una ligera estima. Esa hembra le permitía sobrellevar la rutina del corral, pero sólo compartía con ella los aspectos triviales de su vida. Cuando él hacía algún comentario sobre
cualquier tema de la vida cotidiana, como la comodidad del
establo o los alimentos que la gente les daba después de la
exhibición diaria, ella siempre estaba de acuerdo. Esa conducta le inspiraba una vaga alegría que se desvanecía muy
pronto y que, en ocasiones, a falta de momentos más dichosos, él confundía con un sentimiento de felicidad.

Desde su nacimiento, Antonio se convirtió en un nuevo motivo de conversación. El simple hecho de contemplarlo creaba situaciones que Carmelo y Clara nunca habían experimentado. En todos sus diálogos hablaban sobre el pequeño, cuyo mundo de cambios permanentes siempre resultaba atractivo.

Debido quizá a la tristeza que le provocaba el comportamiento de Antonio, Clara comenzó a pensar más de la cuenta y a notar el desamor de su pareja. Y aunque lo amaba —o por lo menos eso creía—, varias veces intentó dejarlo. Sin embargo, en cuanto se alejaba del corral, comenzaba a echarlo de menos y el corazón se le llenaba de temor y soledad. En ocasiones se propuso abandonarlo durante la noche, mientras él dormía, suponiendo que al no verlo podría tomar esa decisión con más facilidad. Pero nunca tuvo el valor de hacerlo. Sentía pena por Carmelo y pensaba que cuando despertara se alarmaría y pasaría noches enteras preguntándose qué diablos había pasado con ella.

No, no podía hacerle sufrir de ese modo; no podía irse sin decírselo antes. Pero tampoco tenía el valor de enfrentarlo y explicarle los motivos de su decisión. Además, si se iba, y al cabo de dos o tres días comenzaba a extrañarlo y entonces decidía regresar, ¿cómo justificaría su actitud?

Carmelo, por su parte, trataba de no pensar en los motivos del nacimiento de la cría, pero aun así comenzó a sentir remordimiento. Por momentos se arrepentía de todo. A menudo pensaba que si aquel día hubiese bajado al arroyo en lugar de entrar en el corral, ahora su realidad sería distinta. Pero eso había ocurrido hacía ya mucho tiempo. ¿Cuánto tiempo? ¿Cuánto hacía que estaba en el corral?

No lo sabía. Por lo demás, a veces pensaba que la entrada en la granja había sido inevitable, aunque comprendía que su unión con Clara, por el contrario, había respondido a su voluntad. Trató de rememorar el día en que vio a esa hembra por primera vez y notó con decepción que no podía. Ya no recordaba qué sentimiento le había inspirado Clara en esa oportunidad y tampoco podía evocar su primer día en el corral con ella. ¿Era posible que alguna vez se hubiera sentido atraído por esa hembra?

Los recuerdos y los sentimientos se le mezclaban ahora de un modo extraño. ¿Por qué había decidido tener una cría con Clara?, se preguntaba. Pero, ¿en verdad había resuelto tenerla? Le parecía que no. Y, sin embargo, se había alegrado del nacimiento de Antonio. Era una pena que esa alegría hubiera desaparecido tan pronto, debido quizá al comportamiento del pequeño.

No, no era ése el motivo, pensó. No era la conducta de Antonio lo que le molestaba, era el propio Antonio. Y no porque no lo quisiera: era sólo porque le restaba libertad. Si el pequeño no hubiese estado ahora ahí, él habría abandonado a Clara de inmediato. Y también habría dejado el corral, caviló. No lo hacía porque su hijo lo necesitaba y porque no podía dejarlo a cargo de Clara mientras él se iba a vagar por la montaña. ¡Ah, pero qué ganas de hacerlo! ¡Qué profundo deseo de dejar a esa hembra, que ahora le resultaba indiferente, y subir a los altos valles hasta ver el corral transformado en un punto insignificante!

Con el correr del tiempo, Antonio se dijo que don Rudecindo no haría nada por deshacerse de él o de sus padres. Era evidente que la permanencia de los tres en el corral representaba para el poblador un excelente negocio. El pequeño estaba confuso. Comprendía que su comportamiento no sólo era inútil para liberar a sus padres de la reclusión, sino que acabaría por alejarlo de ellos. Por lo tanto, resolvió cambiar de estrategia. Quizá lo mejor fuera comportarse de modo normal y tratar de persuadir poco a poco a sus padres de abandonar el corral...

A partir de entonces se deshizo de sus actitudes rebeldes y se convirtió en un hijo ejemplar. Comenzó a escuchar a sus padres con atención, aunque ellos pronunciaran frases a su juicio incoherentes y triviales. Decidió comportarse de acuerdo con las sugerencias que le hacían Clara y Carmelo y permaneció a su lado cuando recorrían el corral exhibiéndose ante los visitantes. También aceptó dormir entre las mantas del establo, aunque en su fuero interno seguía extrañando con locura los prados de hierba sobre los que solía tenderse a descansar cuando escapaba a la montaña.

Lo que más lo separaba aún de sus padres era la alimentación. Antonio seguía negándose a comer las sobras de la familia Salinas y esto apenaba mucho a Carmelo y a Clara, quienes sentían incluso vergüenza por ello, pues pensaban que el pequeño parecía, ante los ojos de los visitantes y también ante la mirada de la mujer y los hijos de don Rudecindo, un huemul ajeno a la familia. Por otra parte, a pesar de su deseo de seguir siendo herbívoro, Antonio no podía alejarse del corral en busca de pasto, pues debía mantenerse cerca de sus padres para dar una imagen de familia unida, ya que, de lo contrario, podían perder los privilegios del corral.

Un día, Antonio les aseguró que no sólo seguiría comiendo hierba, sino que saldría a buscarla fuera porque en el corral ya casi no quedaba. Su padre, que había pasado por esa etapa, le sugirió que esperara a que Pedro y Ramiro lo vieran y que ramoneara entonces el poco pasto ralo que había en el corral. De ese modo los niños recordarían que necesitaba pasto y saldrían al campo a recolectarlo. El pequeño ciervo consideró que esa opción era absurda pues los niños habían crecido y ya no tenían interés en preocuparse por un huemul. Sin embargo, fiel a su nueva estrategia de conducta, resolvió obedecer a Carmelo.

Durante un día completo esperó con ansiedad la aparición de los hijos del poblador y, cuando llegaron, comenzó a rebuscar hierbas entre las rocas y los palos del cercado del corral. Al principio esta estrategia no le dio resultado pero luego su suerte cambió. Ramiro fue el primero en descubrirlo comiendo y en correr en busca de pasto. Antonio consideró entonces que su padre tenía razón: de ahora en adelante podía permanecer dentro del corral y esperar a que le trajeran la comida.

A partir de ese momento los niños se ocuparon de alimentarlo todas las mañanas. Y a pesar de que ambos estaban entrando en la adolescencia y su padre, ya viejo, comenzaba a delegar en ellos muchas de las responsabilidades del mantenimiento del campo dejándoles poco tiempo libre, Ramiro y Pedro parecían disfrutar de la tarea de juntar hierba para el pequeño huemul y muy pronto esa actividad pasó a formar parte de su rutina diaria.

Don Rudecindo estaba orgulloso de que sus hijos se preocuparan por el animal, al que aún debían domesticar para asegurar su permanencia en el corral. Carmelo y Clara, por su parte, estaban felices de que Antonio hubiera encontrado una solución intermedia entre su deseo de comer hierba y el modo en que ellos recibían a diario sus alimentos, (aunque en su fuero íntimo lamentaban que su hijo no se adaptara por completo a las leyes del corral).

Por desgracia, con Antonio sucedió lo que ya había pasado con su padre: al cabo de unos días los niños se cansaron de recolectar pasto. Cerca de la casa quedaba muy poca hierba y alejarse para conseguirla les parecía una tarea demasiado ardua. Por lo tanto, a partir de entonces sólo juntaron pasto en ocasiones especiales, cuando estaban aburridos y ya no sabían qué inventar; pero en poco tiempo abandonaron esa faena de forma definitiva y dejaron al pequeño Antonio a la buena de Dios. Don Rudecindo les reprendió por esa actitud y ellos se defendieron argumentando con naturalidad que Clara y Carmelo se habían adaptado a comer comida humana y que el pequeño también podía hacerlo.

Antonio volvió a sentirse paralizado por la indecisión: sus padres no le permitían salir a buscar hierba al campo y él se negaba a comer lo mismo que ellos. Y aunque deseaba mantenerse unido a Carmelo y a Clara, pues pensaba que era el único modo de convencerlos de abandonar el lugar, también quería preservar su condición de animal herbívoro porque, de lo contrario, no podría adaptarse a la montaña cuando dejara el corral.

Al final, pese a sus dudas, resolvió probar las sobras que comían sus padres convencido de que esa herejía le permitiría acercarse a ellos y liberarlos en un futuro cercano.

Al principio todo lo que no fuera pasto le pareció repugnante, pero al cabo de una semana comenzó a tolerar bastante bien otros alimentos. En menos de un mes había adoptado la dieta de sus padres. Aun así, durante un par de semanas los nuevos alimentos siguieron inspirándole un ligero rechazo, que no se debía a la dificultad para digerirlos, sino a la vergüenza de haber cedido a comérselos.

Ramiro y Pedro no podían contener su alegría y no cesaban de burlarse de su padre, quien aún no salía de su asombro ante el cambio de conducta del pequeño huemul.

Durante más de un mes Antonio fue presa de remordimientos que no le permitían conciliar el sueño con la misma facilidad que antes. Sin embargo se conformó pensando que con ese cambio de dieta estaba acercándose a sus padres y contribuyendo a que en el futuro recuperaran su libertad. Carmelo estaba orgulloso de que su hijo se hubiera adaptado a las costumbres de la familia, pero al mismo tiempo echaba de menos la época en que Antonio se rebelaba contra la vida del corral y salía a la montaña en busca de hierba, ya que en su fuero íntimo veía en esa desobediencia un deseo de libertad que también él, alguna vez, había experimentado y que ansiaba revivir a través de su hijo.

Con el cambio de actitud de Antonio, la vida de los huemules volvió al sosiego y a la rutina. Persistía en Carmelo su desapego hacia Clara y su convicción de que sólo esa hembra y su hijo le impedían abandonar el corral. Y como no podía abandonarlo, en ocasiones deseaba aconsejarle al pequeño que se fuera a vivir a la montaña. Pero no se atrevía a decírselo pues temía que lo interpretara como un deseo de librarse él. Además, ese consejo en su boca le parecía contradictorio. A fin de cuentas siempre había que predicar con el ejemplo, reflexionaba Carmelo, y a decir verdad él no era un modelo a seguir en materia de recuperar la libertad por voluntad propia. Por otra parte, no sólo sería un consejo en contradicción con su comportamiento, sino que también estaría reñido con todo lo que le había dicho a su hijo hasta ese momento. ¿Acaso no le había pedido que se quedara en el corral, pues de lo contrario, ponía en riesgo los beneficios que él y Clara habían obtenido con tanto esfuerzo?

Por lo demás, comprendía que en ningún otro lugar Antonio gozaría de los cuidados que le daba la familia de Don Rudecindo. Carmelo estaba orgulloso de haber conseguido esos beneficios y ese sentimiento atemperaba su sensación de estar coartando la libertad de su hijo, aunque al mismo tiempo sembraba en su corazón una serie de preguntas para las cuales no encontraba respuesta.

Antonio logró superar su rencor hacia Ramiro y Pedro por haberlo dejado sin hierba cuando aún la comía y comenzó a jugar con ellos a menudo pues pensó que, para ayudar a sus padres, también debía introducir ese cambio en su conducta. Pocos días después y por vez primera, los hijos de don Rudecindo lograron darle de comer en la boca y acariciarle al mismo tiempo la cabeza. La familia Salinas y los visitantes estaban asombrados de los cambios de comportamiento del huemul, que ahora incluso aceptaba jugar con niños desconocidos y ya casi no salía del corral. Clara no podía ocultar su orgullo por el pequeño y lo manifestaba siguiéndole a donde él fuera. Casi todos los visitantes cedían a la tentación de acariciar a Antonio y fotografiarse con él y Clara se las arreglaba para estar a su lado cada vez que esto sucedía.

Los sentimientos de Clara diferían de los de Carmelo: ella no experimentaba pena por la vida que su cría llevaba en el corral. Por el contrario, lo que más deseaba en el mundo era ver a Antonio siempre a su lado, pues el desapego de Carmelo ya era para ella un hecho irreversible y en consecuencia necesitaba más que nunca el amor recíproco que la unía a su hijo. Comprendía ahora que Carmelo nunca había apreciado el profundo afecto que ella le profesaba y creía que sólo Antonio, aunque fuera en su condición de hijo, podía entender y valorar sus sentimientos.

El deseo de ayudar a sus padres, principal motivo por el que Antonio había modificado su conducta, se disipó muy pronto. El pequeño se convenció de que era tarde para lograr la libertad de la familia y comprendió al mismo tiempo que ya no ansiaba la vida de la montaña. Como les había sucedido a sus padres, comenzaba a disfrutar de las caricias de quienes acudían al lugar y de las golosinas que le daban los niños. Su madre le explicó por qué la gente lo fotografiaba; le dijo que los visitantes estaban ansiosos por contemplar ejemplares de una especie que, en libertad, como vivían el resto de los huemules, era muy difícil de ver. Y así, el pequeño empezó a tomar conciencia de su importancia.

En poco tiempo Antonio se convirtió en la nueva estrella del corral. Tenía mucho mejor aspecto que sus padres y además contaba con el encanto natural e inofensivo de toda cría. Clara no experimentó celos por el protagonismo de su hijo, que juzgó normal. Por otra parte estaba orgullosa de que Antonio fuera admirado por los visitantes y este sentimiento atenuaba en ella cualquier atisbo de envidia. Carmelo, en cambio, no podía creer que su hijo se hubiese convertido en el nuevo centro de atención de la gente y vivía este hecho como una verdadera traición, más aún teniendo en cuenta que poco antes el pequeño había rehusado comer la misma comida que él y había actuado en contra del tipo de vida del que ahora parecía disfrutar.

Renació entonces en Carmelo el deseo de que su hijo abandonara el corral, aunque esta vez por razones diferentes. Ya no se trataba de que anhelara para él la libertad, sino de un motivo mucho más mezquino: no quería delegar en ningún otro huemul, ni siquiera en su propio hijo, su protagonismo dentro del corral. Le dolía ceder el lugar que tanto le había costado conquistar; no quería irse pero tampoco deseaba quedarse y ver a su hijo traicionarlo de ese modo. Le costaba creer que una cría pudiera reemplazarlo con tanta facilidad y eso hacía que su envidia fuera aún mayor.

Pensaba que Clara permanecía todo el día junto a Antonio por mera vanidad y no porque lo quisiera y estuviera orgullosa de él. A juicio de Carmelo ella actuaba por conveniencia, como lo había hecho desde el principio cuando resolvió entrar en el corral para poder compartir con él los beneficios de esa clase de vida. Sin embargo, lejos de entristecerlo, este hecho lo reconfortaba: ahora tenía la certeza de que ella tampoco lo quería y esta convicción atemperaba el remordimiento de permanecer a su lado a pesar de no amarla.

En ese momento de su vida Carmelo volvió a considerar la alternativa de abandonar el corral, aunque ya no con el fin de retornar a la montaña; ahora pensaba que podía encontrar un lugar donde recuperar el protagonismo de antaño pues, a fin de cuentas, nadie sabía cautivar al público como él. A veces pensaba que el protagonismo de Antonio sólo se debía a su juventud y que cuando el pequeño creciera y dejara de tener el atractivo de toda cría, él recuperaría su lugar en el corral y ya no tendría que marcharse. Esta conjetura, sumada a la convicción de que ese lugar le pertenecía por derecho propio, acabó por disuadirlo de abandonar el corral y le inspiró la calma y la paciencia necesarias para soportar esa situación en la que, a su juicio, Clara se había hecho cómplice del pequeño para vengarse de su desamor.

II

Una mañana Carmelo despertó y comprobó con una mezcla de asombro y desazón que Clara no estaba a su lado y que tampoco se encontraba allí Antonio. Abandonó desesperado el establo y los buscó en vano por todo el corral. No había rastro de ellos. Salió del recinto y recorrió las inmediaciones, también sin éxito.

No podía creer que Clara lo hubiese abandonado. ¿Sería cierto? Pasaron las horas y Carmelo aguardó en vano el regreso de la hembra y de su hijo. Le parecía ahora que el tiempo transcurría con más lentitud que de costumbre y esa sensación se agravaba debido a que los visitantes ese día eran muy pocos.

Cuando llegó la noche y Carmelo tuvo la certeza de que lo habían dejado, pensó con remordimiento que había menospreciado la capacidad de decisión de Clara y que, además, debido a su protagonismo en el corral, se había considerado un ser superior del que ninguna hembra podía prescindir. Siempre había pensado que si él no abandonaba el corral, menos aún lo haría Clara, en especial porque lo quería más que él a ella. No comprendía cómo esa hembra cobarde e indecisa se había atrevido a dejar la seguridad del cercado. Este hecho lo colmó de vergüenza y lo llevó a creerse más débil y temeroso de lo que suponía. ¿Por qué diablos no había renunciado al lugar antes que Clara, como tantas veces se lo había propuesto?

Quizá ella había encontrado otro macho. Sí, no había otra razón para ese comportamiento: Clara sólo podía haberse alejado de él por amor a otro huemul. Y aunque Carmelo no la amaba, se sentía desamparado y pensaba que no podría volver a vivir solo. También advertía que echaba mucho de menos a su hijo, pese a los disgustos que le había provocado. Por otra parte se había acostumbrado a las charlas con Clara, por banales que fueran, y comprendía ahora que le resultaban indispensables. Y si bien era consciente de su importancia como pionero de la vida en reclusión, sabía que el concepto de pareja era fundamental para los humanos y que sin Clara la gente ya no mostraría tanto interés por él como antes.

No se equivocó. Los visitantes se habían acostumbrado a ver a una pareja de huemules con su cría, y contemplar a un macho solo ya no parecía interesarle a nadie, menos aún después de los rumores sobre la venta de Clara (muerta a manos de un traficante de animales), para su exhibición en un museo australiano. Además, don Rudecindo había basado la publicidad de su negocio en la protección de la especie en cautiverio y en la procreación de nuevos ejemplares. Con la desaparición de Clara y Antonio esos argumentos perdían sentido.

Con el correr de los días Carmelo se enteró de que Clara seguía con vida. Sin embargo, los rumores no estaban tan apartados de la realidad: don Rudecindo había vendido la hembra a su propio hermano, que deseaba montar un espectáculo similar al suyo en otro lugar de la Patagonia, tan alejado del campo de los Salinas que no existía ninguna posibilidad de competencia entre ambos. Al parecer, el pequeño Antonio había seguido a su madre por decisión propia, lo que forzó a los hermanos a llegar a un nuevo acuerdo económico, pues en principio don Rudecindo había resuelto quedarse con la cría.

«¡Clara se ha mudado a otro corral!», pensó asombrado Carmelo. ¿Cómo había permitido que pagaran por ella como si se tratara de una esclava? ¿Por qué no se había rebelado y había huido a la montaña? El comportamiento de la hembra le decepcionó pues demostraba la facilidad con que la habían seducido las nuevas condiciones de vida, mejores quizá que las actuales. Sin embargo, la actitud de Clara también lo reconfortó pues confirmaba que ella no tenía el valor de regresar a la montaña y mitigaba el remordimiento que él sentía por permanecer en el corral a pesar de haber soñado con abandonarlo. Con respecto a Antonio, desconfiaba de que se hubiera ido por decisión propia: era evidente que su madre le había hablado mal de él y le había persuadido a mudarse.

Convencido de que sin Clara la presencia de Carmelo dejaría de ser lucrativa, don Rudecindo procuró capturar otra hembra de huemul en lo alto de las montañas que rodeaban su finca. Con ese fin organizó recorridas de baquianos que conocían a la perfección el hábitat de los huemules, sabían cómo comportarse para no ahuyentarlos, y reconocían con facilidad los indicios de presencia de la especie: marcas hechas en la corteza de los árboles con la cornamenta, huellas de sus patas en el suelo húmedo o en la arena y excrementos frescos que iban dejando a su paso. Pero todo fue en vano. Según se decía, quedaban ya muy pocos huemules y la probabilidad de dar con alguno era muy remota.

Carmelo debió acostumbrarse de nuevo a vivir solo. Desde la partida de Clara el número de visitantes era cada vez menor y hasta la familia Salinas acudía al corral con menos frecuencia que antes. Ramiro y Pedro perdieron casi por completo el interés por jugar con Carmelo y sólo se ocupaban de llevarle comida y agua de vez en cuando.

El huemul sospechaba que le cuidaban más por compasión que por afecto. Suponía –con razón– que sólo representaba para don Rudecindo una magra fuente de ingresos y que los Salinas aún lo mantenían porque les daba pena librarse de él.

Una vez, tras el alejamiento de Clara, el poblador se acercó al animal, lo sacó del corral, le palmeó el lomo y le sugirió con un ligero empellón que abandonara el lugar, mientras le confesaba en voz alta –como si Carmelo pudiese comprenderle– que su presencia en el corral era más un lastre que un beneficio. Ese día también comentó delante del huemul que los niños ya no lo consideraban su mascota, pues habían crecido y tenían ahora nuevos intereses: querían irse a vivir a la ciudad, hacer nuevos amigos, tener una vida más divertida.

Don Rudecindo siempre había abrigado la esperanza de que sus hijos se dedicaran al campo como él. Pero esa esperanza ya comenzaba a desvanecerse. Había soñado con que fueran los sucesores del permiso de ocupación otorgado por el gobierno para dedicarse a la ganadería. Como el permiso había pasado de su abuelo a su padre, y de éste último a él, le dolía pensar que sus hijos pudieran traicionar la tradición ganadera familiar. Sin embargo, también los comprendía: sus patrones culturales habían sido modificados por la televisión, por el contacto fugaz con Internet y por el vínculo con gente de la ciudad. Los niños tenían sueños distintos de los de su padre y hasta el propio Carmelo advertía que el campo representaba para ellos una carga, no un motivo de alegría y orgullo como lo era para don Rudecindo.

Pero pese a los cambios en el comportamiento de los niños, a la actitud desdeñosa de don Rudecindo y a la nueva soledad del corral, Carmelo se resistía a irse. El establo le parecía cómodo y sus mantas lo abrigaban como nunca lo haría la vegetación. Además, sabía que nadie le negaría un poco de comida diaria. Si abandonaba el corral, en cambio, debería recorrer las montañas en busca de hierba y hacer esfuerzos físicos que a su juicio su cuerpo ya no podría tolerar.

Por lo demás, comprendía que ya no deseaba comer hierba: podía prescindir de ella como había renunciado a sus sueños. ¿Para qué aventurarse a salir de su pequeño mundo cotidiano en el que tenía todo lo necesario? No ignoraba que existían lugares hermosos, pero esos sitios estaban lejos y la visita a cualquiera de ellos le incitaría a recorrer otros y así nunca podría establecerse de forma definitiva en un lugar que combinara la belleza de la montaña, la libertad que caracterizaba a los huemules y los beneficios que le brindaba el corral. Por lo tanto, lo mejor era quedarse donde estaba y esperar a que Clara regresara. Y si ella no volvía, cualquier otra hembra podría reemplazarla. A fin de cuentas, lo único que deseaba era recuperar el prestigio perdido y conseguir una compañera que lo ayudara a sobrellevar esa vida de rutinario encierro.

III

Ante la ausencia de Clara y de Antonio, don Rudecindo comenzó a buscar formas de compensar la disminución de sus ingresos. Como la gente ya no acudía al lugar, se le ocurrió exhibir a Carmelo en los pueblos cercanos. Procuraría convencer a la población de que se retratara con el huemul para luego vender las fotos. A fin de garantizar el éxito de su negocio, sólo permitiría que fotografiaran a Carmelo con su máquina. Montaría a los niños más pequeños sobre el lomo del animal y los llevaría a pasear, cobrándoles a los padres los paseos y las fotos.

Para esta tarea don Rudecindo añadió a su vieja camioneta una jaula metálica abierta en la que transportaría a Carmelo. Una soga atada al cuello uniría el animal con la jaula para evitar que huyera cuando la camioneta se detuviese. La posibilidad de que se escapara le parecía remota, pero a veces pensaba que la ausencia de la hembra y de la cría podía persuadirlo a buscar nuevos horizontes y no quería correr riesgos.

Así, el poblador comenzó a recorrer los pueblos, anunciando con un altavoz la presencia de un huemul convertido en mascota con el que la gente podía hacerse una fotografía, y sobre el que los niños podían salir a pasear por el pueblo como si montaran un caballo.

Al principio el negocio tuvo bastante éxito pues la población, en especial aquélla que nunca había visto a Carmelo, cedía a la tentación de aparecer con él en una foto. Pero con el correr de los días la noticia sobre el huemul, que ya era bastante conocido en la zona, dejó de llamar la atención de la gente. Además, casi todos sabían que el poblador había vendido la hembra de huemul y la cría a su hermano y la mayoría condenaba esta medida que consideraba que no coincidía con la proclamada preservación de la especie. ¿Desde cuando se protegía a una pareja de animales en cautiverio separando al macho de la hembra?, se preguntaban quienes conocían la historia. ¿Cómo era posible que don Rudecindo hubiera distanciado a Carmelo de su cría?

Como si no hubiese tenido bastante con el rechazo popular, el poblador perdió el aval de sus hijos. Ramiro y Pedro estaban en desacuerdo con la idea de sacar a Carmelo del corral, donde según ellos era feliz. En consecuencia, don Rudecindo debió arreglárselas solo para trasladar al huemul, hacer las fotos, continuar con la publicidad y cobrar los servicios prestados, y la verdad es que ya comenzaba a cansarse de tanto esfuerzo y tan poco rédito.

En menos de un mes el poblador comprendió que exhibir a Carmelo por los pueblos de la zona no valía la pena. Era evidente que la gente se había habituado a contemplar a la pareja con su cría y ya no tenía interés en ver a un huemul solo.

El granjero comenzó entonces a pensar en librarse de Carmelo, que le resultaba una carga y no le reportaba beneficio alguno. Habló con su hermano, quien con Clara y Antonio estaba haciendo más dinero del que don Rudecindo había recaudado con los tres, y le sugirió que volvieran a unir a la pareja. Pero Carlos se negó argumentando que el negocio marchaba muy bien y que la presencia del macho podía arruinarlo.

El hombre acabó por convencerse de que la única solución era cargar al huemul en el vehículo, subir a la montaña a través de los caminos abiertos para la explotación del bosque, y liberarlo allá arriba, donde las lengas dejaban de ser árboles y se convertían en arbustos debido al viento, al frío y a la nieve.

Al día siguiente se puso manos a la obra. Ató a Carmelo a la jaula metálica montada sobre la caja de la camioneta y se dirigió al bosque. Tras un par de horas de viaje encontró un lugar que le pareció adecuado. Detuvo la camioneta, se bajó, abrió la caja y, tirando de la soga, forzó al huemul a salir. Le costó convencer a Carmelo de abandonar la camioneta, pero por fin lo logró.

—Te vamos a extrañar, huemul —dijo el poblador con un deje de tristeza—; pero tenés que irte. Éste es tu ambiente y ya no tenés nada que hacer en el corral.

Acto seguido desató la soga que le había anudado al cuello pero, para su sorpresa, Carmelo no se movió.

—¡Vamos! ¡Vamos! ¡A la montaña! —exclamó Don Rudecindo, instándolo a alejarse.

Pero el animal permanecía inmóvil. Miraba con disimulo hacia el bosque, hacia la cima de las montañas cubiertas con manchones de nieve eterna mientras experimentaba un terror que ni siquiera le permitía imaginar una nueva vida fuera del corral. ¿Quién le daría de comer en la montaña?, se preguntaba desesperado. ¿Qué clase de peligros debería enfrentar en ese lugar remoto? ¿Cómo haría para soportar el frío y la lluvia sin un par de mantas y sin un techo?

El poblador se consoló pensando que tarde o temprano Carmelo se movería; le palmeó un par de veces en el lomo, le acarició la cabeza, se subió a la camioneta, la puso en marcha... Cuando se disponía a partir, notó que el vehículo se sacudía. Miró a través del espejo retrovisor y vio que Carmelo acababa de subirse a la caja.

Esta vez ya no se bajó dispuesto a despedirse del huemul y dejarlo en el lugar con la esperanza de que más tarde se alejara. Abandonó el vehículo enfurecido y preparado para deshacerse del animal como fuera.

Se acercó a la caja, volvió a sujetar la soga al cuello del huemul y comenzó a dar bruscos tirones, a los que el animal oponía resistencia. Al final, harto de contemplaciones, tomó una larga llave que utilizaba para ajustar las ruedas de la camioneta y comenzó a golpear con ella el lomo de Carmelo. Pero todo fue en vano: el animal toleró impasible la paliza y no dio muestras de querer abandonar el vehículo.

Por último, desconsolado, don Rudecindo lo miró con un deje de ternura, se disculpó en silencio por haber querido quebrantar su voluntad y con resignación volvió a poner la herramienta en su lugar. Se subió a la camioneta y emprendió el regreso mientras se reía de esa situación absurda: hasta el momento había mantenido sujeto al huemul para evitar que huyera y ahora le resultaba imposible deshacerse de él. Era evidente que el animal estaba conforme con la vida que llevaba en el corral y por eso no quería volver a ser libre.

El poblador pasó varias noches en vela cavilando. Si no podía librarse del animal, al menos debía hacerle trabajar para que no fuera una carga. Contempló varias alternativas pero ninguna le pareció sensata.

Una mañana, mientras tomaba mate y contemplaba el terreno en el que su padre había cultivado hortalizas, recordó el buey con el que su abuelo extraía leña y araba la tierra y pensó en utilizar a Carmelo como bestia de tiro y carga. Sí, reflexionó; ya era tiempo de volver a la vieja huerta, cubierta ahora por malezas y árboles pequeños. Esa actividad le permitiría aprovechar el huemul y le daría un poco de dinero.

Comenzó a trabajar de inmediato. Cortó los pocos árboles que había en la huerta y, con la ayuda de Carmelo, al que colocó un implemento de tiro unido a una cadena, retiró los troncos y los troceó para utilizarlos como leña. Improvisó luego un subsolador que le permitió remover la tierra y por ultimo forzó al animal a tirar de un viejo arado, con el que trataba de enterrar las malezas y preparar el terreno para la siembra.

La idea de convertir a Carmelo en una bestia de tiro y carga no le entusiasmaba. Pero, ¿qué podía hacer si le había ofrecido la libertad y él la había rechazado? El huemul, por su parte, comprendía que resistirse a la libertad conllevaba un riesgo de explotación y que, por ello, don Rudecindo no tenía más alternativa que esclavizarlo. Además, Carmelo pensaba que los beneficios de vivir en el corral tenían su precio y para no perderlos estaba dispuesto a soportar la carga del trabajo. A fin de cuentas había tolerado la presencia de tres huemules detestables y el alejamiento de Clara y Antonio; ya estaba acostumbrado a sufrir y nada, ni siquiera esa dura faena, podría desanimarlo.

Por otra parte sabía que el poblador quería librarse de él y por simple rebeldía se negaba a ceder a su voluntad. A veces temía que lo dejara sin comida para obligarle a marcharse, y por lo tanto se esforzaba en el trabajo, suponiendo que de ese modo se aseguraría la alimentación.

Sobra decir que el rendimiento de Carmelo, comparado con el del buey utilizado por el abuelo de don Rudecindo para las mismas tareas, era muy bajo. Por lo tanto, para compensar esa diferencia, el poblador le hacía trabajar de sol a sol. Pero aun así estaba decepcionado por lo poco que avanzaban en la preparación de la tierra y solía enojarse tanto con el huemul que en ocasiones lo golpeaba con su rebenque.

Los golpes le provocaban dolor. Además, Carmelo se sentía defraudado por el comportamiento de don Rudecindo y en especial por la actitud de Pedro y Ramiro, que no lo presionaban en el trabajo, pero tampoco se rebelaban contra la postura de su padre. Los niños, por su parte, sabían que el principal objetivo del cautiverio del huemul era el progreso económico de la familia y comprendían que el escaso dinero obtenido después de la partida de Clara, sumado a la resistencia de Carmelo a recuperar la libertad, habían forzado a su padre a esclavizarlo.

Al cabo de unos meses, el huemul se resignó a que don Rudecindo lo golpeara para obligarle a trabajar. Comprendía que el poblador se rebelaba contra sus propias frustraciones y no contra el comportamiento de un huemul que, como ese hombre sabía, no podía tener el rendimiento de un caballo o un buey.

Las largas jornadas de trabajo, que al principio eran para él agotadoras, le empezaron a resultar tolerables en cuanto se adaptó al nuevo ritmo de vida. Ya ni siquiera le molestaba la falta de tiempo para jugar con los niños y para contemplar el paisaje. Muy pronto su cuerpo fue capaz de soportar con entereza una jornada completa de trabajo arduo sin más descanso que el instante en el que se detenía a comer.

Comenzó a encontrar placer en esas tareas agobiantes; se sentía más vivo que nunca y ese sentimiento se hacía más profundo cuando se comparaba con sus congéneres que llevaban una vida ociosa. Pensaba que los demás huemules no podían disfrutar del ocio, pues en ellos ese estado era permanente y, por tanto, dejaba de ser placentero. Para él, en cambio, el tiempo libre era escaso y en consecuencia creía disfrutarlo con más intensidad. Al terminar de la jornada de trabajo se tendía en el suelo y contemplaba el paisaje mientras esperaba a que las sombras del crepúsculo devoraran las montañas. Sus sueños de abandonar el corral desaparecían junto con el campo de don Rudecindo al llegar la noche, cuando la fatiga lo sumía en un profundo sueño.

Pese a que con el paso de los años comenzaba a perder resistencia física, suponía que el techo y la comida, además de la importancia de ser el único huemul del mundo que trabajaba la tierra, compensaban su esfuerzo y convertían sus efímeros instantes de reposo en una valiosa retribución.

Don Rudecindo estaba sorprendido de la docilidad de Carmelo y aún le costaba creer que soportase la dura faena del campo como si en verdad fuera una bestia de carga. Esa mansedumbre atemperaba el sentimiento de culpa del poblador que ya no tenía reparo alguno en golpear a Carmelo cuando era necesario. Suponía que el animal no se rebelaba porque no sentía dolor y que no se escapaba porque no quería, ya que el corral seguía abierto y él le quitaba las ataduras a los implementos de trabajo en cuanto acababa la jornada.

A veces, cuando finalizaba su largo día y se tendía a descansar, Carmelo pensaba en buscar condiciones como las que tenía al principio: alojamiento, comida y seguridad a cambio de exhibirse ante la gente. Era consciente de no poder mantener el mismo ritmo el resto de su vida y suponía que Don Rudecindo intentaría librarse de él de nuevo en cuanto su rendimiento decayera. Sin embargo, abrigaba la esperanza de que el poblador tuviera compasión de él y le diera abrigo y al menos un plato diario de comida cuando no pudiese sacarle provecho. Por lo demás, el huemul comprendía que nadie le cedería un establo. Con suerte encontraría un corral como ése; pero debería vivir a la intemperie, condición que pensaba que su cuerpo ya no podría soportar.

IV

Con el esfuerzo de don Rudecindo y el sometimiento de Carmelo, la huerta progresó en poco tiempo. El poblador logró una producción abundante y variada y al cabo de unos meses montó puestos de venta de frutas y verduras junto al corral. Después construyó dos invernaderos destinados a la producción de plantas con flores y, con la ayuda de su familia, comenzó a armar ramos de flores secas. Los puestos de venta estaban abiertos al público todos los días pero los domingos la familia Salinas montaba una feria especial que en pocas semanas se hizo famosa por la variedad y calidad de sus productos.

Al llegar, los visitantes se sorprendían de ver en el lugar a Carmelo, al que don Rudecindo solía colocar alguno de los instrumentos de labranza que utilizaba. El propósito de esta medida era despertar aún más el interés de sus clientes, aunque el poblador sabía que muchos visitantes se opondrían a la explotación de un huemul como animal de tiro y le criticarían.

Muchos ya conocían a Carmelo. Algunos visitantes pensaban que utilizar a un huemul para labrar la tierra era una muestra de ingenio. Para otros, en cambio, el sometimiento de un animal salvaje era inconcebible y la actitud de don Rudecindo despreciable. Pero por encima de cualquier discrepancia, todos coincidían en valorar el trabajo del animal y también el del poblador que había creado de la nada una huerta y unos invernáculos maravillosos.

El hombre no perdía oportunidad de contar que había llevado a Carmelo a lo alto de la montaña con el fin de liberarlo y que el animal se había resistido y había vuelto a subir a la camioneta antes de que ésta partiera. La mayoría de la gente no se creía esa historia, desde luego; y aunque don Rudecindo lo sabía, se desahogaba narrándola y confiaba en que alguien la juzgara verídica.

Los visitantes volvieron a asociar la imagen de Carmelo con el paisaje que rodeaba el corral. La gente ya no lo fotografiaba en primer plano; prefería retratar su figura sobre un fondo más amplio que incluía las flores, los invernaderos, los puestos de exhibición de verdura y la oscura tierra labrada.

Aunque Carmelo comprendía que la gente valoraba ante todo el aspecto del campo, también abrigaba la esperanza de que el incentivo para las fotografías fuera él. A menudo, como le había sucedido al principio, tenía la impresión de que los visitantes sólo acudían para contemplarlo. En esas ocasiones sentía la tentación de abandonar el corral por un tiempo, pues suponía que en su ausencia nadie se acercaría a él, ni siquiera para comprar verduras o flores. Estaba seguro de que alejándose, aunque sólo fuera por unos días, forzaría al poblador a perdonarlo, a pedirle que regresara, a darse cuenta de que dependería de su presencia como él dependía ahora de la comida y el abrigo que le brindaba la familia.

Sin embargo, como tantas veces le había sucedido antes, no tuvo el valor de probar esa alternativa y se quedó con la duda. Estaba convencido de que su punto de vista era el correcto pero también aceptaba que podía equivocarse. Si se iba y nadie salía a buscarlo, su regreso voluntario al corral significaría que no era capaz de valerse por sus propios medios. Y ante esa situación don Rudecindo perdería la poca misericordia que le quedaba y lo esclavizaría aún más.

Por otra parte, cuando examinaba su vida comprendía que ya había soportado las peores situaciones: la soledad, después de haberse acostumbrado a compartir el corral con su hembra y su cría; el desdén de los tres huemules que le habían quitado protagonismo; la falta de visitantes debida a la ausencia de Clara y Antonio... Sí, lo peor ya había pasado; ése no era el momento de dejar el corral. Ahora la gente volvía a interesarse por el lugar y él comenzaba a recuperar su fama.

La nueva actividad resultó más lucrativa de lo que don Rudecindo esperaba. El hombre sabía que la gente iba ahora al campo a comprar sus productos y no a ver al huemul. Por lo tanto, le parecía que el animal estaba de más (ya no lo necesitaba como bestia de carga) y que lo mejor era deshacerse de él. Y aunque algunas personas se interesaban por Carmelo, más aún cuando lo veían con las herramientas de labranza encima, a su juicio ese interés no justificaba su permanencia en la finca. La gente que prestaba atención al huemul era ya muy poca y su número no compensaba el esfuerzo de arrojar las sobras de comida al corral, llenar el bebedero y lavar el establo a diario.

Elvira tenía a su cargo la limpieza de las heces del huemul desde que su marido había resuelto cobrar por contemplarlo. Y si bien ya nadie acudía allí con el único de fin de mirar y fotografiar al animal, ella seguía llevando a cabo esa tarea desagradable, pues sostenía que las flores y las hortalizas, al igual que quienes las compraban, no se llevaban bien con las heces. Le parecía que a la gente no le molestaba ver estiércol de vaca, caballo y oveja por todo el campo, pero que, en cambio, no toleraba los excrementos de Carmelo, pues el huemul se asemejaba más a un animal de circo que a una res y en un espectáculo nadie quería ver suciedad.

Para que los visitantes no le vieran limpiar ni descubrieran los excrementos, Elvira recorría con sumo cuidado el corral a primera hora de la mañana, y con una vieja escoba de paja y una palita metálica, recogía cada una de las deposiciones. A decir verdad esta tarea siempre le había parecido fastidiosa. Ahora, además, se le antojaba absurda, pues en su opinión el huemul ya no cumplía ninguna función importante y pensaba que, en lugar de eliminar sus heces, debían librarse de él. Los hijos de Elvira ya no eran niños (el mayor tenía una novia en el pueblo), y tampoco les interesaba la mascota, aunque tuviese la rareza de ser un huemul adaptado a las costumbres humanas.

Estaba cansada de pedirle a su marido que se deshiciera del animal que ya no les servía para nada, ni siquiera como animal de compañía, pues su aspecto era ahora deplorable. Don Rudecindo le respondía siempre lo mismo: él estaba de acuerdo y, de hecho, había intentado librarse de Carmelo dejándolo solo en medio de la montaña; pero el huemul había rechazado la libertad. Ése era un asunto del animal y no de ellos, respondía entonces Elvira; de ser necesario ella le pondría veneno en la comida para asegurarse de no verlo nunca más. Y si a su marido no le gustaba la idea, que llamara a otro para limpiar los excrementos de esa maldita bestia salvaje, que por desgracia de salvaje ya no tenía nada, ¡pues se pasaba el día interponiéndose entre la gente y el paisaje para asegurarse un lugar en las fotos!

Ante comentarios como ése el poblador sonreía; pero a decir verdad coincidía con ella. Por otra parte, era consciente de que él nunca habría hecho esa tarea repulsiva que Elvira llevaba a cabo con tanto esmero, y por lo tanto valoraba ese esfuerzo del que en gran medida dependía durante mucho tiempo la satisfacción de la gente que visitaba el corral.

Don Rudecindo compartía en parte el desprecio que su mujer sentía por el animal. Le costaba creerlo pero tenía la sensación de que el huemul se había transformado en un ser vanidoso, y era esa absurda arrogancia la que le inspiraba ese sentimiento. En esos días experimentaba placer en someter al animal a extenuantes jornadas de trabajo y no comprendía por qué. Sin embargo, el motivo de esa conducta estaba a la vista: las palabras de su mujer le revelaron que esa gozosa maldad respondía a la increíble actitud del huemul, que no era nueva (pues siempre se había comportado de la misma manera frente al público) pero que, por alguna razón, (quizá porque Carmelo ya no producía dinero como estrella del corral) ellos ya no toleraban.

El poblador empezó a pensar que tal vez, sin habérselo propuesto, por medio de esa explotación buscaba forzar al huemul a dejar el corral. Quizá su intención inconciente fuera ayudarlo, y no someterlo. Pero era evidente que el animal no estaba dispuesto a dejar esa pequeña porción de tierra, y no por cariño a la familia —cavilaba ahora el hombre—, sino porque se sentía incapaz de salir adelante por sus propios medios. Don Rudecindo acababa de deshacerse de las ovejas y, por lo tanto, los pastizales que rodeaban el corral comenzaban a recuperarse. Y pese a que la labranza había favorecido también el crecimiento de la hierba en el terreno contiguo a la huerta, Carmelo seguía comiendo restos de arroz, carne y pasta. El poblador entendía que el huemul tenía miedo, que no concebía la vida fuera del corral... Pero, ¿cómo era posible que no aprovechara al menos la hierba, en lugar de continuar dependiendo de las sobras de la comida?

Estas reflexiones acabaron por convencerle de que el huemul se merecía el sometimiento; no debía tener contemplaciones con las tareas que le imponía; de ahora en adelante continuaría explotándolo, aunque también le permitiría escapar cuando el animal lo deseara.

Alentado por la prosperidad, decidió desarrollar nuevas actividades que complementaran sus ingresos. Y como hacía menos de un mes había muerto el hombre que abastecía de leña a las poblaciones de la zona, resolvió comprarle al hijo el remolque en el que transportaba los troncos y dedicarse a esa tarea.

En menos de una semana llegó a un acuerdo con la Dirección Provincial de Bosques para aprovechar como leña los restos de una explotación de madera de un bosque cercano al lugar en el que había intentado liberar a Carmelo. A los funcionarios de la Dirección de Bosques les interesaba la limpieza de los restos de madera del borde del camino, pues con frecuencia ese material se encendía con las colillas de cigarrillo que la gente arrojaba desde los vehículos y el fuego se propagaba hasta alcanzar el bosque denso, dañando así vastas áreas forestales.

El mismo día en que firmó el acuerdo de trabajo, después de pedirle a su mujer que se hiciera cargo de recibir a los clientes en su ausencia, don Rudecindo revisó el motor de la vieja camioneta, colocó a Carmelo una cadena al cuello, le forzó a subir al remolque, cargó la motosierra y el combustible necesario, y partió en dirección al bosque.

Carmelo no sabía con exactitud qué se proponía el poblador pero intuía que deseaba extraer postes o cortar varillas de madera para arreglar alguna alambrada. Aun así no entendía en qué consistiría su colaboración, pues los troncos estaban junto al camino y le parecía que el hombre podía trocearlos y cargarlos solo, o cuando más con la ayuda de sus hijos. Esa reflexión le recordó a los niños. ¿Por qué recurría a él en lugar de pedir ayuda a sus hijos?, se preguntó el huemul. No tardó en comprender la respuesta: Ramiro y Pedro nunca habían colaborado con su padre de un modo activo y no era extraño que entonces, después de haber trabado amistad con otros jóvenes del pueblo, pasaran la mayor parte del tiempo fuera del campo sin ni siquiera pensar en los trabajos que debía llevar a cabo don Rudecindo para mantener a la familia.

Después de bajar todas las herramientas, el poblador arrastró al huemul hasta enfrentarlo a un tronco enorme. Carmelo comprendió entonces en qué consistiría su tarea: debía arrastrar con la cadena los troncos dispersos y colocarlos al lado de la camioneta para que el poblador pudiera trocearlos y cargar la leña en el remolque con más facilidad.

En cuanto terminó de arrastrar el primer tronco —que le resultó más liviano de lo previsto—, Carmelo miró hacia el bosque y advirtió de improviso que nada lo separaba de la libertad absoluta. Podía esperar a que el poblador lo liberara del siguiente tronco y entonces salir corriendo, perderse en el bosque o trepar a los roquedales que asomaban en lo alto de la montaña, donde los árboles cedían su lugar a los pastizales. La sensación de tener la libertad en sus manos le inspiró un sentimiento extraño que nunca antes había experimentado, ni siquiera cuando don Rudecindo intentó liberarlo. En aquella oportunidad, su deseo de rechazar la voluntad del poblador, y también su propio temor, le habían impedido marcharse. Ahora, en cambio, el granjero lo necesitaba. Alejarse suponía por lo tanto contrariarlo y era un modo de vengarse de la esclavitud a la que el hombre le había sometido desde el inicio de las actividades en la huerta.

Sin embargo, algo detenía a Carmelo, que estaba sumido en profundos y raros pensamientos. Por un instante el huemul se abstrajo de la realidad y, como no advirtió la orden de mover otro tronco al que acababa de ser amarrado, recibió en medio del lomo un golpe descargado con el hacha que don Rudecindo usaba para partir los troncos. Fue el golpe más fuerte que el huemul había recibido en su vida.

Un hilo de sangre corrió desde lo alto del cuerpo del animal hasta alcanzar la hojarasca dispersa junto al camino. La incisión era tan amplia y profunda que el hombre se asustó y miró preocupado al ciervo, temiendo quizá una represalia. Pero Carmelo ya ni siquiera podía rebelarse contra ese pobre hombre que descargaba su frustración contra un animal. El poblador, por su parte, percibía de un modo misterioso que tenía los días contados. Y quizá su temor no se debiera al daño que acababa de provocar al huemul, sino a que esa herida presagiaba para él una escisión aún más profunda: la que separa la vida de la muerte.

Don Rudecindo atinó a disculparse: esbozó en el aire un gesto de arrepentimiento y acercó una mano a la herida para comprobar su gravedad; pero su orgullo pudo más y retiró la mano de inmediato, evitando los ojos desconcertados del animal.

Cargó rápidamente las herramientas en el remolque, dejando de lado la poca leña que había conseguido, y arrancó tan pronto como pudo, suponiendo quizá que el huemul le patearía la camioneta (igual que Antonio pisoteaba las cámaras fotográficas de los visitantes), o que huiría para perderse en la montaña, como empezaban a perderse sus hijos en la sociedad del pueblo vecino y como él también se habría perdido si hubiese advertido a tiempo que todo el esfuerzo de los últimos años había sido inútil (pues su mujer no era feliz en ese lugar y sus hijos reclamaban otra clase de vida). Él mismo habría preferido pasar sus últimos días de otro modo, aunque no sabía cómo ni dónde porque ni siquiera se había detenido a pensarlo; pero de otro modo, sin duda alguna...

Pero no, Carmelo no golpeó la camioneta; ni siquiera se atrevió a salir corriendo porque ese bosque denso lo asustaba. Le parecía imposible guiarse entre árboles –que a su juicio eran todos iguales–, y que además podían caérsele encima en cualquier momento pues el viento era intenso.

Enfurecido, don Rudecindo arrancó el vehículo y, aunque apretó el acelerador a fondo, no pudo evitar que el huemul saltara al remolque para regresar con él al corral.

V

Un domingo en el que don Rudecindo se demoraba en regresar del campo de unos amigos y su familia lo esperaba para almorzar, Elvira se preocupó tanto que envió a sus hijos a buscarlo.

Ramiro y Pedro partieron de inmediato. Encontraron a su padre al cabo de media hora de camino a caballo. Estaba a sólo un par de kilómetros del puesto del campo de su amigo, junto a un arroyo en el que solía detenerse para que el caballo tomara agua. Los chicos se apearon de sus monturas y se acercaron al hombre, que al parecer estaba inconciente pues no respondió a los gritos que le lanzaron cuando lo vieron.

Ramiro lo tomó entre sus brazos y sospechó lo peor. Pedro notó que un hilo de sangre le corría con lentitud por un lado de la cabeza. Colocó una mano sobre el pecho de su progenitor y comprobó que el corazón no latía. Los hermanos se miraron afligidos, y aunque no dijeron nada, ambos pensaron lo mismo: don Rudecindo estaba muerto. Al parecer se había caído del caballo y se había golpeado la cabeza contra una roca que afloraba del lecho del arroyo.

El huemul se enteró de la noticia un poco más tarde, cuando los niños regresaron al campo y, después de dejar los caballos, entraron en la casa apurados, llorando y exclamando que su padre había muerto.

Carmelo se sintió egoísta, pues comprendió que no le importaba la muerte del poblador sino la repercusión que ese hecho podía tener sobre su vida en el corral. Ese hombre se había convertido en su amo, caviló, y su fallecimiento le devolvía la libertad que tenía cuando no trabajaba de sol a sol, como lo había hecho durante los últimos tiempos y se limitaba a exhibirse ante el público. Pero a decir verdad no necesitaba recuperar la libertad, pues era libre desde el momento en el que don Rudecindo había reemplazado el cercado por uno más bajo. Lo que la muerte de ese hombre le devolvía, en todo caso, era la posibilidad de seguir gozando de los mismos beneficios con un esfuerzo menor. Y esa mezquina alternativa, como él bien sabía, no tenía nada que ver con la verdadera libertad.

Carmelo tuvo miedo. Le asustaba ahora la muerte, su propia muerte. Si ya nadie podía mantenerlo en el corral, debería abandonarlo. Y en su camino hacia la montaña podía sufrir un golpe como el que le había quitado la vida a don Rudecindo. Después de todo era un huemul viejo y sedentario y no sería raro que perdiera el equilibrio caminando entre las rocas filosas o las paredes de hielo y se cayera. Sin embargo, su temor más profundo estaba relacionado con su futuro inmediato en el corral. Don Rudecindo era quien había velado por su bienestar y su ausencia podía acabar con los frutos obtenidos tras años de esfuerzo. Quizá pudiera seguir durmiendo en el establo y gozar de su tranquilidad; pero sin los beneficios de antaño, su vida no sólo estaría en peligro, sino que perdería sentido por completo. ¿Qué había sucedido con la seguridad que le brindaba el corral?, se preguntaba; ¿acaso no había renunciado a su naturaleza salvaje porque necesitaba garantías? ¿Cómo era posible que la muerte de un pobre ser humano pusiera en riesgo su vida? Había desechado sus sueños para tener una existencia segura y ahora podía perderla de un momento a otro...

Elvira no pudo soportar el dolor de seguir viviendo en el lugar que había compartido hasta entonces con su marido y, como no podía vender la casa pues la tierra no les pertenecía, pidió a sus hijos que la desmontaran.

Desde entonces, Carmelo pasó al olvido. Ramiro y Pedro, ocupados en vaciar la vivienda, ni siquiera se preocuparon por su estado, y los visitantes, obstinados aún en ver y alimentar al huemul, fueron expulsados a escobazos por Elvira quien, debido a la muerte de don Rudecindo, sufría una crisis emocional.

Carmelo presenció con desazón el desmantelamiento del hogar y muy pronto comenzó a sentir en carne propia los efectos de la ausencia de don Rudecindo. Ramiro y Pedro, que ya no le llevaban comida hacía mucho tiempo, tampoco lo hicieron en esa oportunidad y el huemul comenzó a perder sus fuerzas. En unos días de vana espera notó que ya ni siquiera tenía el vigor necesario para mantenerse en pie y se recluyó en el establo.

No supo cuánto tiempo pasó ahí, decaído y somnoliento. Cuando salió de su encierro comprobó que la vivienda estaba desarbolada casi por completo y que ya no quedaba nada en su interior. Entonces, con las pocas fuerzas que tenía, se arrastró hasta salir del corral y mordisqueó con desesperación el primer pasto ralo que encontró. Y aunque no le gustó, comió cuanto pudo. Por un instante se sintió satisfecho; pero con el correr de los minutos notó que la hierba no le devolvía las fuerzas perdidas.

Volvió al corral y se aisló en el establo por espacio de dos días. Los miembros de la familia terminaron de vaciar la casa, se llevaron los objetos que quedaban sueltos por el campo, cargaron el ganado en un camión y desaparecieron, sin ni siquiera acercarse a ver si Carmelo seguía con vida. Sólo dejaron en pie el cercado del corral y el establo, suponiendo quizá que el huemul, habituado ya a esa vida, seguiría ahí hasta la hora de su muerte.

Durante los últimos tiempos Carmelo había renunciado de forma definitiva a sus sueños de juventud y se había convencido de quedarse para siempre en el corral. Sin embargo, la muerte de don Rudecindo acababa de cambiar sus planes. Comprendía que debía partir en busca de comida de verdad (ahora odiaba la hierba, que no sabía a nada) y de reconocimiento social, pues de lo contrario volvería a ser un huemul anónimo, condenado a morir solo y en el olvido más oscuro.

Al día siguiente se despertó convencido de que debía abandonar el lugar cuanto antes para buscar otra familia que se hiciera cargo de él. Con un esfuerzo enorme, comenzó a caminar en dirección a la montaña. Pero resolvió regresar al corral después de haber recorrido apenas trescientos metros.

Aunque se sentía débil, era otro el motivo que le impedía irse: estaba aterrado. ¿Qué podía suceder si se alejaba varios kilómetros y no encontraba a nadie?, se preguntaba. Nunca se había alejado mucho del corral; ignoraba qué le esperaba más allá; el esfuerzo de caminar le debilitaría aún más y nadie le daría de comer para que se recuperara...

Al abrigo de estas reflexiones volvió a encerrarse durante varios días. Y por último, después de intentar en vano saciar su hambre con el pasto cercano, decidió alejarse de nuevo.

Mientras caminaba notó que aún resonaba en su memoria la algarabía de los niños que visitaban el establo cuando Clara y Antonio vivían con él, e incluso antes, cuando vivía solo. También evocó los elogios de los adultos y las golosinas que le dejaban a diario. Quizá este último detalle le vino a la mente porque descubrió un caramelo entre la hierba y comprendió que esa golosina ya sólo representaba para él un objeto inútil, pues ya no había nadie a su lado para quitarle la envoltura y, por tanto, no podía comérsela. Esa reflexión no hizo más que confirmar su grado de dependencia: ya no era nada sin los seres humanos; debía encontrar cuanto antes una familia que quisiera adoptarlo como mascota.

Al cabo de casi tres horas de penosa marcha debió enfrentar el primer inconveniente: la necesidad de elegir. Tenía ahora a su disposición varios corrales y debía imaginarse qué beneficios podría obtener en cada uno de ellos en caso de que sus dueños lo aceptaran.

El primer lugar que encontró le pareció demasiado lujoso: la valla estaba pintada, y la vivienda, al igual que el jardín contiguo, mostraban un cuidado inusual. Aun así pensó por un instante que se merecía un sitio como ése. Pero después llegó a la conclusión de que con seguridad sus dueños lo rechazarían, pues ahora él era, de nuevo, un animal anónimo. Nadie sabía su nombre salvo la familia Salinas y no tenía manera de explicar que había sido un huemul famoso, visitado y elogiado por centenares de personas. Por lo demás, aunque ignoraran el protagonismo que había tenido y estuviesen dispuestos a recibir a un huemul desconocido, tenía conciencia de estar gordo y viejo y sabía de la existencia de ejemplares más jóvenes y esbeltos que sin duda tendrían prioridad a la hora de convertirse en sus mascotas.

Avanzó menos de un kilómetro y se detuvo en otro campo, pues tenía hambre y estaba harto de la hierba que había comido hasta entonces por el camino. Descubrió un corral con un cercado incompleto y decidió entrar. El pasto era escaso como en el recinto de Don Rudecindo a su llegada. Era evidente que las ovejas habían pastado ahí durante mucho tiempo, reduciendo la hierba hasta crear parches de suelo desnudo.

Al fondo del cercado había un establo que a Carmelo le pareció igual que el de don Rudecindo. Se asomó y en el interior vio mantas como las que él había usado hasta entonces. El lugar se le antojó familiar; y si no hubiese descubierto una extraña acumulación de comida en descomposición, habría creído que aún estaba en su morada.

¿Qué extraña clase de gente era aquélla que guardaba restos de alimentos en descomposición?, se preguntó. Quiso entrar en el establo por simple curiosidad pero el hedor le disuadió. Cuando se disponía a abandonar el lugar, oyó una voz detrás de él. No era una voz humana; se trataba de un ejemplar de su especie.

—¿Qué haces aquí?

La imagen del huemul le decepcionó: estaba gordo y avejentado y su pelaje se mostraba ralo y sin brillo. Carmelo supuso que él debía estar igual y este hecho le entristeció.

—Estoy de paso —respondió. Y al cabo de unos segundos de duda, añadió—: como corresponde a un buen huemul.

—¿Y por qué tienes una soga en el cuello?

«¿Soga?», pensó Carmelo. ¿Desde cuándo llevaba una soga al cuello? Había tenido una pero Ramiro y Pedro se la habían quitado hacía ya mucho tiempo. Quizá don Rudecindo le había colocado otra después y él ni siquiera se había dado cuenta. En realidad poco importaba cuánto hacía que la tenía; lo importante ahora era deshacerse de ella pues ya no le servía para nada. Aunque a decir verdad quizá fuera mejor conservarla, caviló, pues así podría probar que había convivido con los humanos y le resultaría más fácil encontrar una familia que se hiciera cargo de él.

—Estuve en un corral... —dijo con vacilación.

—Pues igual que yo. Vivo aquí y no me gusta que me molesten.

—¿Cómo puedes vivir aquí con el hedor que despide esa comida descompuesta?

—Ya me he habituado al olor y me parece normal. Uno puede acostumbrarse a todo. Además, son mis reservas de comida. Si los dueños del campo se van, con este alimento puedo prescindir de ellos durante mucho tiempo.

Carmelo sintió una mezcla de asombro y frustración. No podía creer que otros ejemplares de su especie vivieran como él había vivido hasta entonces. Por otra parte comprendía que esa situación le restaba originalidad: ya no era el único huemul que había habitado un corral y se alimentaba de restos de comida. Quizá ese huemul tuviese también, como él, un nombre que lo libraba del anonimato. Y tal vez se hubiera acostumbrado al hedor como él se había adaptado a la vida rutinaria en el corral de don Rudecindo. Con respecto a la alimentación, la idea de acumular sobras de comida no le pareció disparatada: él podría haber hecho lo mismo para quedarse en la casa de la familia Salinas. Pero como nunca había pensado en esa estrategia, ahora debía vagar sin rumbo fijo.

Con estos funestos pensamientos en su mente decidió proseguir su camino.

VI

Carmelo inició un largo viaje. Para su asombro, encontró varios huemules que vivían junto a los humanos y que ya no comían hierba. Su decepción crecía cada vez que veía un huemul encerrado en un corral. Por último, después de consagrar una jornada completa a recorrer los campos ganaderos de la zona, llegó a la triste conclusión de que debían quedar muy pocos ejemplares de su especie en libertad.

A su juicio esta situación era comprensible. El hombre había fragmentado el hábitat original del huemul. Parte de ese hábitat era ahora dominio de pobladores rurales que se dedicaban a la ganadería y la agricultura. Además, Carmelo sabía que su especie estaba condenada a desaparecer porque la actividad humana atentaba contra su vida y destruía su ambiente, acelerando de este modo la extinción de la especie.

Carmelo no salía de su asombro. Encontró varios huemules que no sólo vivían en cercados muy pequeños, como mascotas de una familia, sino que también dependían de los hombres más que él. Conoció a un huemul que llevaba una montura sobre la cual sacaba a pasear a sus dueños. Otro dormía en la antecocina de la casa de sus amos, y a cambio de ese beneficio debía tirar de un arado con el que labraba la tierra como lo había hecho él.

Durante horas siguió recorriendo los campos de la zona. Al final decidió entrar en un corral grande con muy poco pasto.

Tenía hambre. Recorrió su recinto y no encontró nada para comer. Avanzó hasta la parte trasera de una casa y descubrió un plato enlozado que contenía restos de arroz con pollo. Muy cerca vio a un perro encadenado que empezó a ladrar en cuanto advirtió su presencia. Carmelo devoró rápidamente los restos de comida y luego se tendió a descansar sobre el pasto ralo del corral.

Como el perro no dejaba de ladrar, la familia entera salió a ver qué sucedía. El hijo de los dueños de la finca, un niño de unos diez años, fue el primero en descubrir a Carmelo.

—¡Miren! ¡Un ciervo! —exclamó entusiasmado.

—No, Juan; no es un ciervo —le explicó su padre—. Es un huemul.

—Pero parece un ciervo... —argumentó la mujer.

—Sí; para mí que es un ciervo —volvió a decir Juan.

—No, no; bueno, en realidad sí, es un tipo de ciervo; pero es distinto del ciervo de otros países. Éste es autóctono de la Patagonia.

Juan se acercó corriendo a Carmelo y lo acarició con más recelo que ternura.

—Es raro que se deje tocar —observó el padre de Juan—. Son muy ariscos.

Aunque el hombre tenía razón, ignoraba que Carmelo estaba acostumbrado al contacto con la gente; tan habituado que lo echaba de menos. Pero lo que más añoraba el huemul del vínculo con los humanos no era el afecto, sino la sensación de que sólo él era importante cuando los hombres lo contemplaban. Comprendía ahora que su dependencia de ese sentimiento era más fuerte que la necesidad de comida: si se lo proponía, podía robar restos de alimentos en cualquier población rural de la zona pero no podía obligar a nadie a acariciarlo, ni a pronunciar una palabra de elogio hacia él.

—¡Qué hermoso animal! —exclamó la mujer.

—Sí, es muy lindo —confirmó su marido.

A Carmelo le agradó el lugar y el comportamiento de esa gente y decidió quedarse. No tardó en entablar amistad con Juan, cuyos padres seguían asombrados: el huemul no sólo no rechazaba su contacto físico, sino que parecía buscarlo, y en ocasiones jugaba con el niño como lo habría hecho un perro. Carmelo echaba un poco de menos a los visitantes que recibía en el campo de don Rudecindo, pero le bastaba el cariño de Juan y de sus padres para sentirse querido. Además, a menudo recibían la visita de algún amigo de la familia y entonces se envanecía como en los viejos tiempos ya que todos lo elogiaban.

En ese momento de su vida experimentó por vez primera el deseo de vivir en un zoológico, lugar sobre el que había escuchado comentarios de los visitantes cuando vivía en el corral. Si bien ese sueño contrastaba con sus reprimidas ansias de libertad, comenzaba a pensar que ya era tarde para librarse de las ataduras a las costumbres humanas y le parecía que un zoológico representaba, para un animal acostumbrado al cautiverio, la cima de la protección y el reconocimiento popular.

Hasta donde sabía, en esos lugares no había huemules. Por lo tanto, su presencia despertaría curiosidad y admiración en los visitantes, asegurándole protección, comida y elogios permanentes. Pero por desgracia esa posibilidad era muy remota: no podía presentarse en la puerta de un parque de animales y esperar a que los empleados se dieran cuenta de que deseaba vivir ahí. Por otra parte sólo había zoos en las grandes ciudades, a las que no sabía cómo llegar. Y por último, era probable que se negaran a recibirle, por temor a que el cautiverio –al cual en teoría su especie no estaba adaptada–, dañara su salud.

Pero lo cierto era que, por el momento, debía descartar esas conjeturas y volver a la realidad: Juan y sus padres lo trataban muy bien pero no le daban de comer como lo hacía la familia de don Rudecindo. Y era comprensible. ¿Quién podía sospechar que un huemul necesitara abrigo y otro alimento que no fuera hierba? Carmelo no los culpaba pero no podía apartarse de la dieta a la que ya se había acostumbrado. Y como no encontraba manera de comunicar a la familia sus necesidades, se convenció de que debía abandonar el lugar.

Como Carmelo sabía que Juan se entristecería con su partida, pues se había encariñado mucho con él, prefirió seguir su camino a primera hora de la mañana, cuando la familia aún dormía.

En la zona había varias explotaciones privadas dedicadas a la ganadería en las que esperaba encontrar alimento. Mientras recorría el área, contempló el ganado. Las vacas, que pacían con tranquilidad en los campos aledaños, se le antojaban animales mediocres, que no pensaban en su futuro. Le parecía que no podían encontrar la felicidad pastando sin cesar, a menudo sin apartarse del mismo lugar durante horas. Para Carmelo todas las vacas eran iguales y sólo se distinguían entre ellas por sus colores. El anonimato de esos animales serviles era para él repulsivo y, cuando pensaba en ellos, se enorgullecía de haber dejado de ser uno más de su especie para convertirse en un ejemplar único.

Recorrió la zona visitando cada una de las fincas y no supo por cuál decidirse. Al cabo de varias horas llegó a la conclusión de que no sólo las vacas eran iguales: los campos en los que pastaban también se parecían. ¡Hasta los pobladores rurales se le antojaban idénticos, con sus sombreros de fieltro, sus bombachas de gaucho, sus botas de cuero, su pañuelo al cuello y el abrigo de lana que vestían todo el año, ¡hiciera frío o calor! Pensó con desilusión que esos hombres debían tener, también, hábitos y formas de pensar muy similares y, por lo tanto, todos lo tratarían como a un huemul más, sin notar su singularidad: ya nadie le devolvería el trato especial que le había dado don Rudecindo.

Comprendía que, de un modo gradual, se había convertido en una mascota pasando de una existencia salvaje a una vida sedentaria y de esclavitud. Pero ya no podía repetir ese largo proceso de transición entre la libertad y la dependencia, pues necesitaba refugio y comida cuanto antes. Estaba atrapado entre su naturaleza salvaje, que ya había abandonado, y las exigencias de una mascota que no podía subsistir por sus propios medios. ¿En qué clase de ser vivo se había transformado? ¿Cómo podría salir de esa encrucijada? ¿Qué camino debía seguir?

Caía ya la noche y Carmelo seguía vagando al azar sin poder tomar una decisión. Comenzó a sentir hambre, fatiga y desencanto. Perdido en medio del campo, sin nadie que lo contemplara y elogiara, se sentía un huemul como cualquier otro. Sólo su falta de fuerza física lo diferenciaba del resto. Y muy pronto esa debilidad le forzó a tenderse sobre el pasto, donde se durmió de inmediato.

VII

Despertó muerto de frío. Supuso que nadie se enteraría de que necesitaba alimentarse y se preguntó qué podía hacer. Tenía hambre. Las hierbas ya no le satisfacían; debía encontrar restos de comida en alguna parte. Recordó haber visto huemules que vivían en contacto con los hombres y que incluso tomaban lo mismo que ellos. Les preguntaría cómo lo habían logrado.

¿De verdad tenía sentido hacerles esa pregunta? Con seguridad se habrían convertido en mascotas, como él, y por eso harían lo mismo que sus dueños. Pero, ¿habían elegido ellos esa vida? ¿Era más fácil convertirse en esclavo que preservar la libertad original? ¿Acaso la libertad no era algo natural? Sí lo era; él había nacido libre...

Las preguntas seguían atormentándolo, pero estaba tan hambriento que se olvidó de ellas. Recordó haberle robado comida al perro de Juan y pensó que debía utilizar la misma estrategia en otra parte. Tenía que encontrar alimento y gente que lo elogiara. Con las pocas fuerzas que le quedaban trataría de lograrlo.

Oyó ladridos y consideró que eran buena señal, (pues detrás de todo perro casi siempre hay una familia). Comenzó a caminar en dirección al lugar del cual provenían los gruñidos caninos, y al cabo de unos minutos dos animales enormes aparecieron en medio del campo. En cuanto lo descubrieron empezaron a ladrar con más fuerza y se lanzaron corriendo hacia él.

Desconsolado, Carmelo pensó que sería imposible robar a esos canes. Se alejó de inmediato, avanzando tan rápido como sus escasas fuerzas se lo permitieron hasta que dejó de percibir los sonidos de los perros. ¿Cómo haría ahora para conseguir comida?, se preguntó. No todos los perros ladraban; no podía confiar en eso para llegar a una población humana. Tampoco podía confiar en su instinto, que le conduciría hacia la hierba pero no hacia las sobras. Volvía a sentirse atrapado entre la civilización y su naturaleza salvaje; experimentaba la contradicción de ser un esclavo en libertad.

Hambriento y extenuado, ramoneó desganadamente unas hierbas tiernas que encontró a su paso. Pero éstas sólo le recordaron cuánto echaba de menos la comida de la familia Salinas.

Durante más de una hora siguió avanzando. De pronto apareció ante sus ojos un perro que vagaba por el campo. El animal no sólo no le ladró: ni siquiera se acercó a estudiarlo u olfatearlo como suelen hacer los cánidos. Carmelo esperó a que el animal emprendiera el regreso a casa y entonces lo siguió de cerca.

Caminaron a través de una huella abierta entre los matorrales y por fin llegaron a una vivienda precaria, con paredes de troncos y techo de chapa de cartón. El can comenzó a quejarse junto a la puerta hasta que alguien le permitió entrar.

Carmelo pensó que no debía desperdiciar esa oportunidad y rodeó de inmediato la vivienda en busca de comida. Junto al refugio del perro descubrió un plato que contenía huesos con restos de carne y sobras de pasta. Comenzó a comer con avidez, pero antes de terminar notó una presencia a su lado. Giró la cabeza y reconoció al chucho que acababa de seguir. La mascota empezó a gruñir, y antes de que Carmelo pudiera huir, se lanzó contra él y le mordió una pata. Después se separó del huemul y comenzó a saltar en círculos y a ladrar, alertando a la familia que no tardó en salir.

El dueño de la casa apareció con un rifle que apuntó de inmediato al lugar de origen de los ladridos. Manteniendo esa posición, avanzó con cautela hasta estar junto al perro y entonces vio a nuestro protagonista, que estaba a una veintena de metros, paralizado por el terror.

Quizá ese hombre confundió a Carmelo con un ciervo europeo, que es una presa de caza común entre los pobladores rurales de la Patagonia. Tal vez, por el contrario, tuvo plena conciencia de que era un huemul, y por alguna extraña razón deseó su muerte o quiso asustarlo. Lo cierto es que, después de vacilar por un instante, levantó el arma y descargó un disparo, que sólo alcanzó a rozar el cuerpo de Carmelo, pero que le provocó un fuerte dolor.

El huemul no podía creer que el hombre hubiese errado el disparo a esa distancia. Con las pocas fuerzas que le quedaban echó a correr, pero el perro lo alcanzó y volvió a morderlo mientras su amo corría detrás lanzando disparos al aire.

Las balas no lo alcanzaron pero le inspiraron un miedo que nunca antes había sentido. ¿Era posible que la necesidad de conseguir alimento le llevara a arriesgar su vida? Siempre había pensado que los peligros estaban en la montaña, donde vivían el resto de los huemules, y no en un campo como ése, tan parecido al de don Rudecindo...

Mientras corría, se preguntaba por qué querrían matarlo. Quizá el hombre le había descubierto robando los restos de comida del perro, pero ¿acaso ese comportamiento justificaba su muerte? Aturdido por la necesidad de huir, tropezó con un arbusto espinoso que le abrió aún más las heridas de las mordeduras. Pero estaba tan desesperado que siguió corriendo. Y cuando sintió que la fatiga ya no le permitía mantener el ritmo de la carrera, se volvió a mirar y notó con alivio que el perro, cansado de perseguirle, había emprendido el regreso.

Decidió descansar. Miró en derredor suyo y se descubrió en medio de un hermoso prado de suaves hondonadas, bordeado de colinas coronadas por promontorios de rocas. Enfrente podía distinguir algunos de los picos nevados de la cordillera, aquéllos que había visto por última vez cuando era pequeño, pues en el paisaje del corral de don Rudecindo quedaban ocultos detrás de otras montañas.

Emocionado, comprendió que esa huída inesperada le había permitido regresar, sin ni siquiera proponérselo, a los paisajes de su juventud. De no haber mediado la muerte de don Rudecindo y la persecución de ese perro, quizá nunca habría vuelto a ver esas montañas en su vida, pensó. Y esa reflexión le colmó de alegría.

VIII

Hacía ya mucho tiempo que no oía a la gente pronunciar su nombre. ¿Qué significaba ahora para él esa palabra? Nadie sabía que él se llamaba Carmelo, pensó decepcionado. Y, si no volvían a bautizarlo como lo habían hecho Ramiro y Pedro, acabaría por perder su identidad y se convertiría de nuevo en un huemul anónimo. Este riesgo era otro estímulo (tan importante como la necesidad de comida y abrigo) para volver a relacionarse con los hombres. Pero restablecer ese vínculo era muy difícil, pues no podía explicarles que dependía de ellos. ¿Por qué no advertían que debían darle de comer, que necesitaba cobijo, que tenía un nombre y debían respetarlo?

Una ráfaga de viento estremeció su cuerpo. Le recordó los viejos tiempos en que pastaba en las vegas de alta montaña. Y en esa misma sensación de regreso al pasado encontró la respuesta a sus preguntas.

Los hombres le creían libre y, por tanto, ni siquiera imaginaban sus necesidades de comida y abrigo. Y le juzgaban así porque en realidad lo era. Dependía de los hombres porque se había adaptado a ellos, no porque le hicieran falta. La sensación de libertad que acababa de sentir era la misma que experimentaba de pequeño. Y eso significaba, quizá, que su naturaleza salvaje no había desaparecido ni había cambiado: sólo había sido reprimida durante su adaptación a las costumbres humanas.

A fin de cuentas, pensó, esa adaptación no debía parecerle extraña, pues Ramiro y Pedro también habían dejado atrás una parte de las características con las que habían venido al mundo: cuando los vio por última vez notó que su imaginación ya no volaba como un pájaro, que ya no eran inocentes y espontáneos como antes, que comenzaban a ceder a las presiones de la sociedad como él había cedido al deseo de saciar su sed en un bebedero.

Pero tanto él como los hijos de don Rudecindo, en el fondo seguían siendo los mismos. Él aún pertenecía a la especie que cruzaba de Argentina a Chile sin saberlo y sin que le importara, pues los límites entre países sólo existen para los hombres. Su identidad no estaba determinada por el nombre que le habían dado, sino por su capacidad para disfrutar del paisaje, para escoger su alimento, para beber agua pura, para hacer en todo momento lo que quisiera. Él siempre sería un huemul único, aunque dejara de llamarse Carmelo.

Se detuvo por un instante. Y mientras contemplaba una montaña lejana, cubierta por una gruesa capa de nieve eterna, comprendió que sus necesidades de alimento y refugio nunca habían respondido a su íntima voluntad. Se había adaptado a comer comida humana porque, cuando no podía escapar, el pasto del corral no era suficiente para alimentarlo. Don Rudecindo le había dado refugio porque él representaba una fuente de dinero. Pero esos beneficios, que con el correr del tiempo él mismo había convertido en necesidades, provenían del mundo externo y no de su naturaleza interior. Para satisfacer esas necesidades –que por otra parte eran ficticias–, había renunciado a su instinto. Y su originalidad estaba en su naturaleza, no en el nombre con el que lo habían bautizado.

Su especie había sido bendecida con la libertad absoluta. Él sólo dependía de la Naturaleza, aunque, a decir verdad, ésta no era una relación de dependencia, sino un vínculo de perfecta armonía. Debía volver a ser el huemul que siempre había sido, aquel animal salvaje que era al nacer. Tenía que confiar ante todo en sí mismo, pues había venido al mundo en soledad y se iría también solo. Y no debía pensar en las recompensas, como lo hacía cuando estaba en el corral. La verdadera recompensa era la felicidad y sólo la conseguiría abandonando sus costumbres de mascota, renunciando a los beneficios que lo habían cegado hasta ese momento, siendo un auténtico huemul. Porque la fuente de la felicidad estaba en su corazón de animal salvaje y no en el mundo de los hombres.

Recordó con asombro que había estado a punto de perder su vida por robar comida a un perro, y que tras la muerte de don Rudecindo se había quedado desamparado. Siempre había creído que en el corral estaba a salvo, protegido de los riesgos que corrían el resto de los huemules. Pero ahora comprendía que, entre los seres vivos, la seguridad no existe: lo único seguro es que a todos, tarde o temprano, les alcanzará la muerte.

Después de tantos años de incertidumbre y de constantes preguntas que lo afligían, las respuestas brotaban ahora con naturalidad, como el agua de un manantial: eran sus voces interiores, la llamada del instinto, aquellos sonidos que los elogios de los hombres habían acallado cuando estaba en el corral. Esas respuestas siempre habían estado dentro de su corazón aunque él no lo supiera.

Continuó reflexionando. Se había adaptado al corral del mismo modo en que se había acostumbrado a convivir con su hembra. Pero nunca había querido de verdad a Clara, ni había estado satisfecho con esa vida de encierro. Ahora comprendía la rebeldía de Antonio que se negaba a comer las sobras de la comida...

Antonio, ¿dónde estaría ahora? ¿Se encontraría bien? ¿Seguiría llevando la misma clase de vida que habían llevado Clara y él? Si era así, esperaba al menos que fuera feliz pues ellos no lo habían sido. No le preocupaba que los hombres encerraran a Antonio o que le impidieran comer hierba: si de verdad lo deseaba, tarde o temprano podría rebelarse contra esos obstáculos. Pero si ni siquiera oponía resistencia, si se engañaba a sí mismo pensando que esa falta de libertad era lo normal o se resignaba a aceptar que no podía cambiar esa situación, nunca volvería a ser un verdadero huemul.

Un aspecto de la vida en el corral todavía le preocupaba: la fama, la necesidad de reconocimiento, el deseo de diferenciarse del resto de huemules. Siempre le había gustado que alguien pronunciara su nombre o lo elogiara por su belleza. Aún experimentaba esos sentimientos y, por lo tanto, no podía condenarlos en el corazón de su cría. Pero el precio de alimentar su vanidad había sido muy caro. Y si bien comprendía que su dependencia de los hombres era ficticia, también se daba cuenta de que romper esas cadenas sería ahora muy difícil.

Ensimismado en esos pensamientos comenzó a subir las colinas cubiertas de hierba que se extendían a su paso. Recordó que cuando estaba en el corral debía rebuscar entre los troncos del cercado para encontrar un poco de pasto. Ahora, en cambio, tenía a su disposición pastizales inmensos que muy pocos animales aprovechaban. Y a pesar de tener la oportunidad de volver a ser herbívoro, aún echaba de menos las sobras de comida que recibía en el corral. Pensando en esta paradoja se acordó del huemul que vivía encerrado entre restos de alimentos en descomposición y no descartó que hubiese otros ejemplares de su especie en las mismas condiciones.

A decir verdad, esta última posibilidad le disgustaba. Hasta ese momento se creía único por alimentarse de sobras de comida y por tener un nombre. Pero ahora comprendía que la palabra Carmelo perdía sentido sin su vínculo con la familia Salinas y que él no era distinto del resto de los huemules por comer restos puesto que otros habían imitado esa conducta.

IX

Tenía hambre y frío y por momentos aún echaba de menos el establo. Además, no podía dejar de pensar en Clara y en Antonio. Y si bien se sentía triste por haber perdido los beneficios que tenía en el corral, empezaba a desdeñar las ventajas del encierro y deseaba ver a su cría pues pensaba que aún estaba a tiempo de contarle las posibilidades de tener una vida distinta que él había descubierto después de la muerte de don Rudecindo. También suponía que Antonio merecía una disculpa. Se sentía culpable de haberle forzado a comer sobras de comida y de haberle negado la libertad para que se alimentara de hierba. En el largo camino que ahora recorría, ese sentimiento de culpa le pesaba tanto como la vida sedentaria, la comida inadecuada y la necesidad de cobijo que había tenido hasta entonces. Sin embargo, le parecía que esa culpa perdía valor frente a otra mucho más profunda e importante: la culpa de haber traicionado su naturaleza salvaje, la culpa de haberse convertido en una mascota en lugar de ser un simple huemul.

De vez en cuando se detenía a pacer en los pastizales húmedos que encontraba en su camino, pero la hierba no le devolvía las fuerzas perdidas. Y aunque el frío no era intenso, su pelaje no bastaba para abrigarlo. Sin embargo ansiaba seguir subiendo las cumbres de la montaña. Desde el valle en el que se encontraba veía los picos coronados de nieves eternas, aquéllos que en su juventud, cuando ya vivía en el corral, se dibujaban en su memoria en forma de recuerdos recientes, y le inspiraban el deseo de visitarlos.

Sus viejos sueños de subir a las cumbres de la cordillera, esos deseos que la vida cómoda y segura del corral había reprimido, parecían renacer ahora. Había renunciado a ellos porque temía que le costara mucho hacerlos realidad. Pero ahora comprendía que, por el contrario, se frustraría si se olvidaba de sus anhelos, si no aspiraba a una vida más plena, más independiente, más rica en experiencias placenteras. Aunque intentara esconder sus sueños, tarde o temprano ellos se rebelarían y saldrían a la luz. Habían nacido con él para recordarle que era un animal libre. Seguían vivos dentro de su ser, luchando por expresarse; sólo podía frustrarse si perdía la batalla entre esos sueños y la insatisfacción diaria. ¡Cuántas veces, mientras vivía en el corral, se había sentido mal sin poder comprender el motivo de ese estado! ¡Y cuántas veces, sin darse cuenta, había entorpecido la senda de Antonio hacia la libertad!

Continuó su camino, estimulado por la belleza del paisaje que le rodeaba. Resistió el hambre, el cansancio y el frío como pudo. Y cuando ya pensaba en tenderse sobre el pasto a descansar pues estaba extenuado, vio a lo lejos una valla de palos.

La emoción del descubrimiento hizo que su corazón latiera con violencia. ¡Por fin podría comer como lo hacía en el corral! Las montañas atraían y la idea de llegar a su cima se había convertido para él en un desafío que deseaba enfrentar. Pero por momentos echaba de menos el alimento que le daba la familia Salinas. Recordaba con nostalgia la etapa de su vida en la que después de saciarse se echaba a dormir. Ahora experimentaba de nuevo los restos de pasta, carne o arroz, pues la hierba que había probado le parecía tan insípida como el agua, y además no saciaba su hambre.

Avanzó un poco y descubrió con sorpresa un corral en el que varios huemules comían plantas cultivadas. En un cercado contiguo, conectado con el anterior por medio de una portera, vio un establo de troncos con techo de chapa de cartón y ventanas pequeñas, que se le antojó idéntico a su antigua morada.

Cuando los huemules descubrieron a Carmelo, lo contemplaron con una mezcla de indiferencia y desprecio. Y él se convenció de que debía abandonar la esperanza de ser un huemul distinto por vivir en un corral.

—¿Qué hacéis aquí? —preguntó contra su voluntad, como si pensara en voz alta, pues en realidad ya sabía la respuesta.

—Estamos cansados de vagar sin rumbo fijo y de hacer una vida ociosa como la mayoría de los huemules. Ahora nuestra vida tiene fines concretos. Hemos decidido aparecer en fotos junto a la gente que visita la zona. Como recompensa recibimos alimentos, caricias y elogios.

Carmelo cedió a la tentación de contarles su vida, pero no pudo discernir si lo hacía con orgullo o si, por el contrario, hablaba sobre su pasado con un ligero remordimiento.

—Yo también viví en esas condiciones durante mucho tiempo. Pero ahora...

Pensó que no tenía sentido narrar el modo en el que había entrado en el corral, los motivos por los que había vivido allí tantos años, las consecuencias de la muerte de don Rudecindo. Y decidió continuar su marcha sin decir nada más.

Dejó de subir y atravesó el valle por el que avanzaba. Vadeó un arroyo de agua cristalina y lecho pedregoso y después recorrió un pastizal húmedo y oscuro. Miró al cielo y descubrió cinco cóndores que sobrevolaban el lugar en círculos, dejándose llevar por las corrientes de aire. Pensó decepcionado que nunca vería ese paisaje desde el aire y le consoló la idea de que los huemules de los corrales nunca conocerían un lugar diferente al que habitaban.

Se preguntó entonces qué pensarían los hombres cuando contemplaban la naturaleza. Siempre había creído que la juzgaban por los beneficios que podían obtener de ella. Sí, el medio era para ellos un medio para la recreación, para la extracción de madera, para el cultivo de plantas o para el desarrollo del turismo. Pero no lo valoraban sólo por su belleza como lo hacían los huemules.

Con el huemul sucedía algo similar: representaba para el hombre un material de estudio, un animal en vías de extinción, un ciervo patagónico de género y especie definidos, un animal cuya presencia restringía las actividades humanas. Pero sólo algunas personas podían contemplarlo con los ojos asombrados de un niño sin pensar en la información científica que lo caracterizaba. Eran pocos los hombres que buscaban al huemul sólo para disfrutar contemplándolo, como algunos disfrutan mirando el atardecer, sin un fin determinado, por el simple placer de hacerlo. Los científicos y los naturalistas quizá gozaban cuando veían un ejemplar de su especie. Pero en su fuero íntimo siempre tenían un interés concreto: tomarle una fotografía para ilustrar un trabajo científico, recolectar muestras de sus excrementos para estudiarlas, observar su comportamiento.

Estas reflexiones le llevaron a suponer que los visitantes acudían al corral porque les parecía extraño ver a un huemul encerrado y no porque realmente disfrutaran contemplándolo. Iban a verlo para saciar su curiosidad, como la satisfacen los niños que han visto una jirafa en los libros y desean contemplarla en un zoológico. Pero esa actitud no tenía nada en común con la experiencia de disfrutar de la belleza de un huemul.

Pensó que si tenía razón acerca del comportamiento de los hombres, su vida en el corral dejaba de tener importancia. La fama, esa fama con la que había alimentado su vanidad durante tantos años, era quizá invento de los hombres. Él nunca había sido famoso; su renombre había sido sólo un malentendido entre los hombres y los huemules.

Cuando abandonó sus reflexiones se descubrió atemorizado. ¿Qué sería de él ahora que vagaba al azar? Había perdido todo vínculo con la vida segura que llevaba en el corral y por momentos la montaña le inspiraba más intranquilidad que confianza.

Haciendo un esfuerzo por olvidar su temor, Carmelo siguió avanzando. Dio un largo rodeo para evitar una laguna alimentada por los cursos de agua del deshielo. Por último cruzó el valle y comenzó a bajar a través de una ladera escarpada. Detrás de una colina descubrió un corral limitado por un precario alambrado. Y esta vez no le sorprendió que en él hubiese huemules.

Se acercó al grupo de animales y notó que todos parecían pastar separados entre sí por la misma distancia, de manera que, a lo largo del corral, cada ejemplar asemejaba una pieza de un juego de ajedrez gigante. Un huemul yacía dormido o muerto en un rincón.

—¿Qué pasa con el huemul que está tendido en el suelo? —preguntó intrigado Carmelo.

—No respetó su sector de pastoreo —respondió uno de los animales, sin ni siquiera volverse a mirar.

—¿Sector de pastoreo? ¿Para qué quieren sectores si el pasto es el mismo en todo el corral y cualquier huemul puede pastar en cualquier sitio?

—¡No! ¡Cada uno tiene una zona asignada y debe respetarla!

—¿Y por qué se pelean por los sitios de pastoreo habiendo tanta hierba fuera del corral?

Los huemules siguieron comiendo sin prestar atención a esa última pregunta. Carmelo se alejó un poco y comparó el tamaño del corral con el de la montaña que recorría. Y no sólo se preguntó por qué, estando rodeados de pasto, esos huemules se peleaban por un pequeño sector; también trató de comprender por qué él mismo, después de advertir que podía abandonar el corral a voluntad, no había decidido salir afuera.

Sus pensamientos sobre la alimentación le recordaron que estaba a punto de morir de hambre. Se convenció entonces de que no podía esperar a encontrar restos de comida humana pues ya casi no tenía fuerzas para moverse y su vida corría peligro. Y mientras contemplaba el pastizal tierno y los arbustos que le rodeaban, concluyó orgulloso que a partir de ese momento no dependería de los hombres para alimentarse.

Entusiasmado, probó cuanta hierba encontró a su paso. Y todas le parecieron sabrosas, incluso aquéllas que antes había rechazado. Su hambre cedió muy pronto y, tras un breve descanso, recuperó sus fuerzas.

Con la certeza de que encontraría vegetales aún más tiernos y sabrosos en su camino, resolvió seguir adelante. No podía creer que estuviera recuperando sus hábitos con tanta facilidad. ¡Y pensar que había pasado años comiendo restos de comida de la familia Salinas, convencido de que no podía pastar! Pero, ¿qué le había impedido alimentarse de pasto? ¿Acaso no era un huemul, un animal herbívoro, un ejemplar de una especie que habitaba lugares sin población humana?

Bajó un poco más la ladera que recorría hasta alcanzar un valle de rocas con formas caprichosas, talladas por el viento permanente y el agua de un glaciar cercano. Detrás de esas rocas, sobre un terreno llano y más fértil que el resto, encontró un corral cuyo cercado sólo cubría las tres cuartas partes del perímetro.

Pese a que el corral era pequeño y casi no tenía hierba, diez huemules pacían apretados en su interior. De lejos le pareció que pastaban sobre el suelo desnudo. Y cuando se acercó comprobó asombrado que, de hecho, no se alimentaban de hierba: estaban comiendo tierra.

—¿Por qué comen tierra habiendo tanto pasto alrededor? —preguntó desconcertado Carmelo.

—Comemos lo que tenemos en el corral —respondió uno, sin inquietarse ni abandonar su tarea—. Ya estamos acostumbrados.

—Pero no tienen por qué habituarse a comer tierra. ¡Hay mucho pasto fuera!

—Nosotros no salimos fuera del corral. Este recinto nos pertenece y nosotros le pertenecemos a él. Lo que hay afuera no nos interesa: aquí somos dueños del espacio, fuera no somos nada.

Carmelo no supo qué decir y resolvió alejarse. Llegó a un valle y comenzó a subir por la ladera opuesta, cuyo relieve ocultaba las cumbres nevadas que siempre había deseado visitar. Muy pronto alcanzó un terreno escabroso, rematado en lo alto por paredes de roca. A un lado, sobre una senda marcada en el suelo pedregoso, descubrió un animal que subía con lentitud.

¡Un huemul!, pensó entusiasmado; ¡por fin un huemul en libertad! Apuró el paso para acercarse y, cuando estuvo a su lado, notó con decepción que el animal llevaba alforjas sobre el lomo.

Colmado de curiosidad decidió hablar con él.

—¡Ven! ¡Te necesito!

Al oír la llamada, el huemul se detuvo. Carmelo comprobó entonces que las alforjas contenían baldes de lona vacíos.

—¿Quieres agua? Voy hacia la laguna ahora, así que tendrás que esperar a mi regreso.

—No necesito agua —respondió Carmelo—. Y si la necesitara, la buscaría en cualquiera de los arroyos de la zona.

—¿Entonces para qué me llamas? Estoy muy atrasado y no puedo perder tiempo.

—Te llamé por curiosidad, para saber qué haces.

—Llevo agua a los huemules de los corrales —respondió el animal fastidiado—. ¿Y tú qué haces?

—Pues yo; antes estaba... Ahora voy hacia...

—No haces nada.

—Pues no, no hago nada... concreto. Ya sabes: recorro lugares, miro el paisaje...

—Yo no puedo detenerme en tonterías. Muchos huemules dependen de mí para saciar su sed.

—Pero si ellos no vivieran encerrados tu tarea no tendría sentido.

—Es probable; pero ellos viven en corrales. Por lo tanto, este trabajo me hace importante y da sentido a mi vida.

—¿Y qué recompensa obtienes por esta tarea?

—Ninguna. Yo no pido nada. Mi premio es la dependencia de los demás.

Carmelo, que siempre había pensado en su relación con los hombres, se preguntó si don Rudecindo o alguno de los visitantes habían dependido alguna vez de él. Concluyó que no y por un instante envidió al huemul de las alforjas. Comenzaba a disfrutar de la experiencia de explorar la montaña pero por momentos aún echaba de menos el protagonismo que tenía en el corral, los elogios que recibía, los beneficios que le daba el cautiverio. Quizá los visitantes le habían necesitado para alegrar a sus hijos, pensó, y él nunca se había dado cuenta...

Sin decir nada más, el huemul de las alforjas se alejó. Y Carmelo, abandonando sus reflexiones, retomó su camino.

X

Carmelo experimentaba por momentos una mezcla de asombro y decepción. No podía creer que tantos huemules vivieran como él había vivido. Por lo demás, teniendo en cuenta la cantidad de huemules en cautiverio que había en la zona, le llamaba la atención que la gente hubiese ido a visitarlo al corral como si se tratara de un animal difícil de ver. De todos modos, pensó, entre esos huemules y él había diferencias. Ellos estaban encerrados por voluntad propia. Él –al menos en un principio– se había quedado en el corral por no poder abandonarlo.

También advirtió que esos huemules vivían cerca de las poblaciones humanas, no lejos de la finca de don Rudecindo. ¿Por qué entonces los hombres le habían visitado más a él que a ellos? Por un instante, asaltado por un rapto de vanidad, pensó que la gente iba a verle a él porque era más atractivo que el resto. Sin embargo, muy pronto comprendió que los hombres no podían diferenciar con facilidad un huemul de otro y concluyó que en realidad era don Rudecindo quien había conseguido atraer a la gente mediante la difusión de sus actividades.

Carmelo se dio cuenta de que se había hecho famoso gracias a don Rudecindo, como se hacen famosos los perros que van a un concurso de la mano de sus dueños, arrastrados por una decisión ajena que ni siquiera comprenden. Si ese hombre no hubiese resuelto cobrar por exhibirlo, él nunca habría sido conocido entre la gente. En este sentido, hasta su fama había dependido del poblador. Por algún motivo esa conclusión le recordó al huemul de las alforjas, que sin duda, pensó Carmelo, llevaba esas bolsas para transportar agua porque un hombre se las había colocado. ¿Quedaría sobre la

Tierra algún huemul que no necesitara a los seres humanos?, ¿acaso no podía convertirse él en ese huemul?

Esas reflexiones le recordaron la soga que llevaba alrededor del cuello. ¿Cómo podía librarse de ella? Si quería independizarse por completo de los hombres, necesitaba eliminar cualquier rastro de sometimiento. Además, no podía elogiar la libertad y mostrar al mismo tiempo que había sido un esclavo.

Continuó su camino. Atravesó un valle y por fin alcanzó un pequeño arroyo de color blanquecino debido al golpeteo del agua contra las rocas del lecho. Se asomó y pudo distinguir, a través del torrente, un cardumen de truchas que intentaba remontar la corriente. Hundió su cabeza en el rumor y en la espuma del cauce de agua y experimentó cómo el cosquilleo del agua invadía todo su cuerpo.

Al cabo de uno segundos sacó la cabeza del agua y miró en derredor. Sus ojos, deslumbrados aún por el reflejo del sol, le revelaron un paisaje maravilloso. Muy pronto su visión se acostumbró a la luz y su cabeza perdió la sensación que le había provocado el agua en movimiento. Pero su corazón guardó por un largo rato el gozo que acababa de brindarle esa experiencia.

Entonces, como si un velo que ocultaba el mundo se hubiese descorrido de improviso, contempló el paisaje y ya no le pareció el mismo que acababa de ver. Los pastos se habían convertido en estilizadas esculturas que se mecían al compás de la brisa. El arroyo era una fuente de luz, un torrente de espuma, un manantial de burbujas. Las nubes eran cóndores en vuelo vertiginoso hacia las crestas rocosas de las montañas.

La Naturaleza era la misma de siempre, pero en ese instante él la percibía de otro modo, con una conciencia de la belleza del paisaje que nunca antes había tenido. La sensación era tan intensa, tan diferente de las que había vivido durante sus años de encierro, que por un momento creyó haber regresado a su juventud. Advirtió entonces que volvía a valorar la Naturaleza como en sus primeros años de vida. ¡Ah, cómo comprendía ahora al pequeño Antonio! Solía huir por la falta de pasto, pero en realidad, quizá sin saberlo, buscaba sensaciones que en el corral no encontraba. ¿Cómo era posible que él, su padre, no se hubiese dado cuenta antes?

Las paredes de roca cercanas acababan de convertirse para él en un inmenso telón sobre el que los árboles y las aves ensayaban una función de sombras chinas. Pero esas paredes eran también el refugio de los cóndores, el lugar en el que los escaladores ponían a prueba su resistencia y su destreza, el balcón natural al que los caminantes se asomaban para contemplar un paisaje extraordinario. Comprendió entonces que para muchos huemules esas paredes eran sólo eso: una superficie vertical de roca. Un arroyo no significaba para ellos más que un poco de agua en movimiento. Para él, en cambio, esos elementos del paisaje representaban mucho más. Quizá fuera ése el rasgo de originalidad que había buscado durante tanto tiempo y que había creído encontrar durante su encierro y exhibición ante los humanos.

El nuevo sentido que encontraba en cada experiencia, en cada cambio que se producía en el paisaje, le alentaba a seguir adelante. Sin embargo, por momentos sentía un ligero remordimiento y pensaba que la vida no podía limitarse al placer de vagar por la montaña. Esa reflexión se debía quizá a su contacto con los hombres, que a su juicio no tenían tiempo para el ocio, y que se comportaban de un modo contradictorio: decidían pasar la mayor parte del tiempo trabajando mientras se quejaban de tener que hacerlo.

Cuando salió de su abstracción, notó con nostalgia que el arroyo cercano al corral de don Rudecindo, ése frente al cual, por temor, había decidido saciar su sed en un bebedero, era parecido al curso de agua en el que acababa de sumergir su cabeza.

Si aquel día, cuando estaba junto al riachuelo, las barrancas le habían parecido peligrosas, ¿por qué no había buscado otro tramo en el que bajar al agua con más facilidad? ¿Por qué había saciado su sed en un bebedero? Ese torrente tenía varios kilómetros de largo y en cada tramo era un curso de agua distinto. Además, cambiaba de caudal, de características y recorrido de acuerdo con las lluvias, los deshielos, las sequías. Podría haber regresado al arroyo en otro momento… Y en último caso podría haber buscado otro.

A modo de consuelo pensó que había dado un largo rodeo para alcanzar el mismo lugar, para regresar a las montañas que nunca debió abandonar. Y gracias a ese desvío, que en principio podía parecerle inútil, valoraba aún más la libertad, esa libertad que en algún momento de su vida había perdido y que ahora intentaba recuperar.

¡No hay riqueza más grande que los caminos infinitos, los paisajes diversos y las condiciones cambiantes de la montaña!, caviló. Y después de esas reflexiones y experiencias, volvió a sentirse un verdadero animal salvaje. Fue consciente entonces de que no podía echar de menos la vida del corral ni podía compararse con los seres humanos: él era un huemul y esa especie había nacido para vivir y morir en libertad, lejos de la mirada del hombre.

XI

Poco después de continuar su camino, Carmelo se encontró de nuevo con el huemul de las alforjas, que se quejaba sin cesar:

—¡Oh, no! ¡Mi vida es un desastre! —decía, mientras daba vueltas en círculos, manteniendo la cabeza baja.

—¿Qué te sucede?

—Se me rompieron las alforjas y los baldes al pasar entre dos rocas. He perdido todo el agua y no puedo encontrar al hombre que me las había colocado. No podré seguir trabajando. ¡Ya nadie dependerá de mí!

—Si has perdido tu importancia junto con esos chismes es porque nunca fuiste importante de verdad.

—¡No te burles de mi desgracia!

—¿Y por qué tiene que ser una desgracia? Quizá los huemules de los corrales ya no te necesiten y tú tampoco necesitas esas alforjas.

—¿Cómo te atreves a hablarme así? ¡No haces más que vagar todo el día mientras yo trabajo como un burro! Además, por la soga que llevas supongo que alguna vez también estuviste en contacto con los hombres y trabajaste para ellos.

—Sí, alguna vez lo hice. Por eso te hablo con autoridad: porque había perdido la libertad y ahora le he recuperado.

El huemul no dijo nada más y cambió sus nerviosos giros por un rápido paso hacia la senda que conducía a la laguna negra.

Carmelo siguió su camino y en menos de una hora de viaje alcanzó la laguna en la que el huemul de las alforjas recogía el agua. Su superficie, en completa calma, era tan oscura que parecía el reverso del espejo frente al cual se afeitaba don Rudecindo cada mañana. Sintió la tentación de meterse en el agua. La brisa se filtraba entre el follaje del bosque. El gorjeo de los pájaros se hizo más intenso y el corazón de Carmelo se estremeció de alegría.

Encaramado sobre una roca enorme que le permitía contemplar la laguna entera, Carmelo vio que podía bajar al agua a través de un sendero, recorriendo un trayecto sinuoso. Sin embargo, pensó que por primera vez en su vida debía correr el riesgo de llegar al agua de otro modo. Se acercó entonces al extremo de la roca, mantuvo el equilibrio por un segundo y por último se lanzó sobre la superficie negra.

Ya en medio de la laguna, sumergido hasta el cuello, contempló los árboles y arbustos que se agitaban con la brisa; adivinó las figuras de los pájaros que gorjeaban ocultos entre las hojas de la vegetación circundante; miró hacia el cielo y siguió extasiado el vuelo de un águila cuya silueta se recortaba contra el blanco de las nubes.

Por un instante Carmelo sintió que ese mundo le pertenecía como nunca nada le había pertenecido antes. El corral y el establo nunca habían sido suyos. Las experiencias que vivía ahora, en cambio, representaban para él un verdadero tesoro que ni siquiera la muerte podría arrebatarle.

Cruzó la laguna nadando. Salió del agua y trepó un barranco similar al que había sorteado con el salto desde la roca. A través de un claro en el bosque avanzó hasta alcanzar un humedal cubierto de juncos, en cuya orilla encontró hierbas tiernas. Hundió sus patas en el barro, y después de chapotear, comenzó a comer. La brisa enfriaba su cuerpo aún mojado y los rayos del sol no alcanzaban a entibiarlo. Sin embargo, advirtió con sorpresa que ya no sentía frío como al principio cuando acababa de dejar el corral y ni siquiera echaba de menos el establo. Notó también que había vencido el miedo a la intemperie y que estaba acostumbrándose de nuevo a comer hierba. La impaciencia con que a diario esperaba en el corral las sobras de la comida le parecía ahora absurda y no podía creer que poco tiempo antes hubiese intentado robarle comida a un perro.

Volvió a subir y alejarse de la laguna en dirección a los picos de las montañas que deseaba conocer desde que era joven. Y se extasió tanto en la contemplación del paisaje que perdió la noción del tiempo. Sólo advirtió que ya era tarde cuando los últimos rayos del sol dejaron de iluminarlo y la luz natural perdió intensidad. Comprendió entonces que debía buscar un lugar donde pasar la noche y experimentó el temor de que un hecho imprevisto pusiera en riesgo su vida. Sin embargo no se acobardó y continuó su camino hasta encontrar un matorral abierto de ñire en el que se internó para descansar.

Mientras avanzaba entre la vegetación, una rama se atascó debajo de la soga que llevaba al cuello, pero él no lo notó hasta que sintió un principio de asfixia. Entonces intentó retroceder para desengancharla y, de pronto, la presión cedió. Carmelo pensó que la rama se había quebrado pero en realidad se había cortado la soga.

Teniendo en cuenta la resistencia de la maroma, que él conocía bien por haber tratado de librarse de ella cuando estaba en el corral, este hecho se le antojó un milagro. Y así como había encontrado un nuevo sentido en muchos elementos del paisaje, interpretó el corte de la cuerda como un mensaje de libertad. Recordó entonces el momento en que los hijos de don Rudecindo lo ataron para que pastara fuera del corral. Esa vez intentó en vano cortar la soga; ahora pensaba que quizá no le había faltado fuerza física, como supuso, sino que no había tenido voluntad suficiente.

XII

En cuanto amaneció, Carmelo retomó el camino por el que había llegado hasta la laguna y después continuó subiendo hacia la cima de la montaña. Bordeó el matorral en el que había pasado la noche, y a través de una quebrada por la que corría un pequeño arroyo pedregoso, subió hasta un valle casi plano cubierto de hierbas altas y tiernas. Se detuvo a pastar hasta saciar su necesidad de alimento y bebió agua en el arroyo. Aspiró la fragancia de las flores que crecían ocultas entre la hierba y una profunda sensación de gozo inundó su corazón. Entonces comprendió que no necesitaba nada más para ser feliz.

Después de advertir que su vida había cambiado por completo, tanto por los sentimientos que ahora experimentaba como por las posibilidades de hacer realidad todos sus sueños, recordó con nitidez el día en que Clara lo abandonó. Cuando él descubrió por la mañana que la hembra se había marchado, tuvo la sensación de que no podría volver a vivir sin ella. Sin embargo, ahora estaba ahí, lejos del corral, de Clara y la familia Salinas, y no sólo no los necesitaba, sino que incluso era dichoso sin ellos. Al único que echaba de menos era a Antonio. Y aunque el pequeño representaba para él una fuente de preocupación, procuraba que su ausencia no empañara la dicha que ahora le inspiraba la recuperación de la libertad.

Miró hacia la derecha y descubrió maravillado una pared de roca con manchas de vegetación y restos de nieve que separaba ese valle de los picos que siempre había querido visitar. Por un instante se asombró de encontrarse en ese lugar, frente a ese paisaje majestuoso, encaramado sobre la montaña después de tantos años de vida sedentaria, de dieta inadecuada, de adaptación al abrigo del establo.

Contemplados desde lo alto de la montaña, los corrales en los que vivían los huemules se habían transformado ahora en puntos diminutos, perdidos en la inmensidad de la tierra. Carmelo advirtió que el hábitat natural de su especie era enorme y encerraba alimento suficiente para todos los ejemplares de la Patagonia. Y mientras pensaba en sus congéneres, descubrió a varios de ellos.

El hallazgo le emocionó pues era la primera vez en mucho tiempo que veía huemules en libertad. Se acercó un poco más y comprobó decepcionado que arrastraban troncos desde el bosque hacia el valle. Entonces decidió hablar con ellos.

—¿Para qué estáis moviendo esos troncos? —preguntó en cuanto estuvo a su lado.

—Vamos a construir un cercado para delimitar nuestro corral —respondió uno, sin dejar de trabajar.

—¿Y para qué quéreis un corral?

—Queremos nuestro propio sitio donde vivir. Otros huemules ya lo tienen.

—Pero... ya tenemos un lugar que nos pertenece a todos —replicó apenado Carmelo—. ¡Todas estas montañas están a nuestra disposición!

—Sí, pero a disposición de toda la especie. Ahora queremos un espacio que nos pertenezca sólo a nosotros.

Desconsolado, Carmelo comprendió que no podría hacerles cambiar de opinión. A fin de cuentas, reflexionó recordando su vida en el campo de don Rudecindo, él tampoco se habría dejado convencer si hubiese sido uno de ellos.

Abandonó de inmediato el grupo de huemules y se encaminó hacia una colina que se alzaba junto al valle. Al cabo de media hora alcanzó un mirador desde el cual se divisaba en todas direcciones el paisaje circundante. Y de improviso, mientras contemplaba los valles y las crestas montañosas recortadas contra el cielo, descubrió a dos hombres de pie y trató de acercarse a ellos sin ser visto.

—Como le decía: por allá vendría el camino. Son unos diez kilómetros, más o menos. Y ahí arriba, sobre la roca, pondríamos la plataforma. La verdad, éste es un sitio perfecto para volar.

—Sí, es cierto. Además, el paisaje... ¡Mire! ¡Mire! ¡Un huemul! ¿No le dije? Todavía quedan algunos. Ah, yo quería conservar esta tierra para proteger a estos bichos. ¡Son tan hermosos!

—Y, sí; la verdad es que sí. Y se les ve tan libres, tan ajenos a las dificultades del mundo de los hombres...

—Sí, a mí me da mucha pena vender la tierra, porque desde mi infancia mi sueño fue protegerlos. En una época quise crear una fundación; creo que por eso hice un par de años de biología. Pero quedan tan pocos que ese sueño no tiene mucho sentido. Por otra parte dependo del dinero para cambiar la camioneta y ampliar mi casa.

—Lo entiendo perfectamente. En mi caso puedo emprender este proyecto gracias al dinero de mi mujer. Y para serle sincero, la empresa turística está funcionando a las mil maravillas, sobre todo con los extranjeros. ¡Qué lindo animal!, ¿no? Nos mira sin desconfianza. Me alegro de que no nos entienda. Si supiera de qué hablamos... ¡Ah, yo también sueño con hacer algo por salvarlos! No en vano el logotipo de la empresa es la figura de un huemul. Además, la imagen de este bicho vende bien... Mucha gente vendrá a volar con nosotros sólo porque suponen que nos interesa la conservación del medioambiente, que somos una empresa de ecoturismo o algo así... Ya sabe que todo esto está de moda.

—Asunto de ellos si piensan eso. Pero de todos modos sería hermoso que dentro de cincuenta años siguiéramos viendo huemules.

—Sí. Cuando haya ganado lo suficiente, cambiaré la empresa de turismo por una organización de protección del huemul. El logotipo ya lo tengo. Alguna vez pensé en comprar este lugar sólo para hacer avistamientos de huemules pero, la verdad, hay tan pocos que no vale la pena. Además, el parapente es mucho más rentable.

—Sí, claro, y a fin de cuentas todos dependemos del dinero. ¡De no ser así yo no le vendería la tierra ni loco!

—Ah, ¿entonces me la vende?

—Sí, claro; al precio que habíamos acordado. Pero ni un peso menos...

—Me parece perfecto. Es más: le pago un tres por ciento más si me promete que no le dirá a nadie que aquí todavía quedan huemules. Las autoridades y una organización no gubernamental me están presionando para que abandone el proyecto. Dicen que tendrá un alto impacto ambiental porque tenemos que abrir un camino. ¿Se imagina? Si la comunidad se entera de que hay huemules, el gobierno se encargará de poner a la gente en mi contra y finalmente no podré hacer nada. Y a fin de cuentas yo no sólo pienso en mí: la población también se beneficiará de la llegada de los turistas.

—No se preocupe: yo no vi nada. Pero prométame que algún día nos uniremos para proteger al huemul.

—Para cuando podamos hacerlo ya no quedarán más. Quizá éste sea el último.

—Tal vez la hembra ande por ahí. Puede que se trate de una pareja y que en algún momento nazca una cría.

—Entonces, cuando cierre voy a tratar de dejarlos dentro de la finca.

—¿Va a cerrar el campo?

—Sí, claro; voy a hacer un alambrado perimetral. Después de todo es mi finca y no quiero que nadie se meta en mi propiedad. ¿Entiende?

—Perdón, pero todavía sigue siendo mi propiedad hasta que usted me pague. Además, le pido que no deje a esos bichos dentro. Recuerde que son huemules: estos animales nacieron para la libertad. Odian los cercados y las alambradas. Las únicas barreras que conocen son los acantilados, los glaciares, los grandes lagos... Ni siquiera se han enterado de que entre Chile y Argentina existe una frontera.

—Sí, es cierto; estos bichos deben detestar los límites impuestos por el hombre. Bueno, a nosotros tampoco nos gustan, ¿no? Por eso mis clientes vuelan en parapente: para sentirse libres.

—Claro; a mí tampoco me gustan las normas. Cuando era un niño no teníamos ni para comer. Ahora, en cambio, tengo posibilidad de comprar lo que quiera.

—Pero depende de que yo le compre la tierra...

—Y usted depende de mi campo para que su proyecto funcione.

—Es cierto.

—Yo tengo una chacra abajo, con costa de río y árboles frutales. Terminé de hacerme una cabañita y ahora estoy cerrando el área de la casa con un cercado de troncos. Cuando lo tenga listo puede venirse un domingo a comer un asado.

—¿Y por qué esperar a terminar el cercado?

—No, es cierto; podemos juntarnos antes. Es sólo que así tendríamos un motivo para celebrar, al menos de mi parte.

—Bueno, entonces cuando termine mi alambrado, yo también le invito.

—De acuerdo; con mucho gusto voy a aceptar la invitación.

—Le espero en la oficina para pagarle entonces. Estoy ansioso por tener el campo y poder cerrarlo. Y no se olvide de que aquí ya no hay huemules...

—No me olvidaré siempre que usted recuerde el porcentaje adicional que prometió. Si le parece bien, mañana mismo iré a verle a su oficina.

—Perfecto. ¿Vamos volviendo?

—Sí; la verdad es que estoy apurado. No veo la hora de ir a la chacra para terminar el cercado.

Epílogo

«Tantas veces me había imaginado en el respaldo del puente peguntándome cómo había podido pasar tantos años en aquel agujero, sobre aquellos escasos senderos, apacentando la cabra y buscando las manzanas caídas hacia el fondo de la ribera, convencido de que el mundo concluía en el recodo donde el camino se desplomaba sobre el Belbo».

CESARE PAVESE, *La Luna y Las Fogatas*

Aunque Carmelo comprendió en parte esas palabras, no supo con exactitud cuál era el tema del diálogo y continuó su camino mientras reflexionaba sobre los hombres. Esos dos, que ahora comenzaban a bajar, pensaban en comprar tierra y a construir cercados y alambradas, pero no en pasear por la montaña como lo hacían los ciervos salvajes. Y no porque no fuesen libres, pues en realidad habían nacido con tanta libertad como un huemul. Por lo demás, durante su estadía en el corral, había aprendido que, en muchos aspectos, los hombres podían alcanzar una vida más plena y profunda que la de un animal libre. Eran capaces de escribir poemas, pintar atardeceres, creer en dioses, llorar de emoción, hacer música, volar y ver el mundo desde el aire, y podían amar con una intensidad a la que nunca llegaría un animal. Sin embargo, muchos de ellos renunciaban a esa vida de plenitud y preferían encerrarse en sitios que, salvadas las diferencias entre los hombres y los animales, eran similares al corral en que él había perdido la libertad.

Caminó durante varias horas, dejando atrás los últimos parches de arbustos, hasta que alcanzó una enorme mancha de nieve perpetua protegida del sol por dos paredes de roca enfrentadas. Pisó la base de la mancha de nieve y comprobó que estaba congelada y crujía a su paso. Entonces concibió una idea. Bordeó la mancha subiendo por detrás de una de las paredes de roca y, cuando alcanzó la cima, se deslizó sobre la capa de hielo. Se divirtió tanto que subió y volvió a lanzarse un par de veces más hasta quedar satisfecho y extenuado.

Cerca de la mancha de nieve eterna, Carmelo descubrió unas flores muy pequeñas, de color violeta, que se asomaban al aire desde una grieta abierta en la roca. Le pareció entonces que esos pétalos representaban los sueños de la planta a la que pertenecían. El sueño del viento era cambiar el aspecto del paisaje, reflexionó, y para lograrlo había luchado durante miles de años de forma silenciosa e imperceptible. ¿Serían capaces los hombres de descubrir en el viento al artista que labraba la roca? Quizá muchos de ellos pensaran que un vendaval sólo podía desnudar de hojas a un árbol y limpiar de nubes el cielo. Los huemules de la montaña conocían bien el viento, pues se enfrentaban a él en cada tramo del camino que recorrían. Los huemules de los corrales, en cambio, sólo conocían el viento por su acción en los valles, detrás de las cortinas de álamos que los hombres plantaban para intentar detenerlo, allí donde la fuerza de las ráfagas se reducía a una suave caricia sobre el follaje de los árboles.

Carmelo siguió subiendo. A su paso encontró diminutas plantas de hojas carnosas que crecían entre las piedras, resistiendo el intenso viento y la falta de agua. En pequeños parches de suelo fértil, regados por el deshielo de la nieve perpetua, encontró hierbas tiernas que le parecieron exquisitas y que de inmediato le devolvieron las fuerzas invertidas en el viaje. El recuerdo de las sobras que comía en el corral le llenó ahora de tristeza y vergüenza y le inspiró el deseo de recorrer cuanto antes el resto de las montañas de la zona, en las que podría encontrar, pensó, plantas desconocidas para su especie.

Una sombra se proyectó de pronto sobre su cuerpo. Cuando alzó sus ojos descubrió en el cielo un ala curva y colorida, con una estructura metálica de la que pendía un hombre. El artefacto pasó volando cerca de él y luego comenzó a describir amplios círculos en el aire. Carmelo observó el hombre amarrado con cuerdas a esa estructura metálica. Pensó en el dinero necesario para comprar el ala, en el tiempo que le habría demandado subir hasta lo alto de la montaña y preparar el equipo antes de lanzarse al aire y se preguntó entonces si la sensación de libertad compensaría los esfuerzos que había hecho esa persona para poder volar.

Siguió su camino. Estaba cansado pero la fortaleza de su espíritu le alentaba a caminar sin detenerse. Todo a su paso le parecía maravilloso y único: cada una de las nubes que se deshacían en el cielo, las rocas labradas por el trabajo silencioso del viento y el agua, las plantas que resistían la hostilidad del clima, los cóndores que vagaban libres y solitarios. Se sentía solo y unido al resto del mundo al mismo tiempo, pues en definitiva él también formaba parte de la Naturaleza. Convivían ahora en su corazón el recién nacido y el ejemplar adulto ya que disfrutaba del paisaje con la alegría de un huemul pequeño, pero también tenía la madurez necesaria para comprender la importancia de haber recuperado la libertad.

Trepó a una roca enorme. Desde ella podía divisar las cumbres que le habían parecido tan distantes cuando vivía en el corral y que ahora podía alcanzar con facilidad en dos o tres horas de marcha. Volviéndose a mirar hacia el lado opuesto, ubicó en la distancia la zona en la que don Rudecindo había pasado la mayor parte de su vida. El campo que había ocupado la familia Salinas ya no se veía. ¿Cómo saber entonces dónde estaba el corral, ese diminuto espacio en el que él se había recluido por una mezcla de comodidad y temor? El cercado, que al principio le parecía infranqueable y que luego no se atrevió a cruzar, había desaparecido, no sólo del paisaje, sino también de su vida.

Al igual que el ambiente circundante, la posibilidad que tenía de vivir con plenitud no tenía límites. Sin embargo, durante mucho tiempo había confinado su existencia a un corral insignificante, tan insignificante como su rivalidad con los huemules con los que había compartido ese espacio, como su absurda vanidad de estrella de zoológico, como su artificioso amor por Clara y su ficticia dependencia de los seres humanos.

Pero había aprendido de esos errores que le permitían valorar la perspectiva de una vida en libertad y comprender los motivos que movían a otros huemules a encerrarse. También entendía ahora a Clara, que se había mudado a otro corral en busca de mejores condiciones de vida, y a Antonio, cuya rebeldía inicial no había impedido que cayera en la trampa de los elogios y las recompensas materiales.

Entristecido, Carmelo imaginó a su cría con un moño al cuello, similar a la soga que él había llevado durante mucho tiempo. Esperaba al menos que la vanidad no le hubiese cegado. Algún día, cuando volvieran a verse, le diría que comprendía su rebeldía y le alentaría a vivir en libertad. A partir de ese momento podría hablarle con autoridad, pues para dejar de ser un huemul anónimo se había encerrado en un corral y ahora por fin advertía que la originalidad se conseguía siendo libre, viviendo como un verdadero animal salvaje, intentando alcanzar aquellos picos que ningún otro huemul había conquistado hasta entonces.

Alcanzó una de las cimas de la cordillera y contempló maravillado el paisaje circundante. Recorrió con su mirada las montañas, luego los valles y por último el terreno que le rodeaba. Comprobó que a su alrededor no había huellas de huemules y comprendió con emoción que ningún otro ejemplar de su especie había visitado ese lugar. ¡Por fin volvía a ser él mismo, un huemul libre y único, un huemul distinto del resto! ¡Ya nada más importaba, ni siquiera que los hombres no se enteraran nunca de su hazaña!

FIN

Jorge Guasp

Nació en Buenos Aires. Estudió forestación en Argentina y Gestión Ambiental en España y Colombia, con alta cuantificación en la gestión de espacios naturales protegidos. Coach ontológico, especializado en coaching de vida, actividad que ejerce de forma privada. Trabaja en la conservación de la Naturaleza y en ecoturismo.

KOLIMA
BOOKS